U0134958

志於道　據於德

依於仁　游於藝

子丹

于丹《論語》感悟

于丹 著

目次

孝敬之道

于丹《論語》感悟之一

《論語》的樸素和溫暖，就在於裡面不僅有天下大道之志，更重要的是它永遠不失去腳下樸素的起點。

孝敬之道就是這樣樸素的起點。

我們今天已經遠離了產生孝道的宗法社會。在現代社會中，父子的關係已經不存在跟君臣關係的對應，那麼，是不是可以說，已經過時了？

是不是在今天這樣一種人人平等、法律公平的社會裡，「孝」就不是做人的根本了呢？

一本《論語》捧在手裡，我們說它是樸素的，是溫暖的，那麼它的樸素和溫暖體現在什麼地方呢？

《論語》的樸素和溫暖，就在於裡面不僅有天下大道之志，更重要的是它永遠不失去腳下樸素的起點。

也就是說，《論語》告訴我們修養身心的道理，並且還會給出一條腳下的路，讓我們抵達自己的理想。

孔子和他的學生有很多日常的問答。有一天，顏回、子路跟老師在一起聊天。老師說：「你們每個人都說說自己的志向吧。」

子路說：「我的志向就是，衣服、車馬這些好東西，與朋友一起享用，用壞了也沒有什麼抱怨。這就是我的願望。」

顏回說：「我的願望呢，就是一個人不經常誇耀自己，也不經常宣揚自己的功勞，能夠做到很謙遜也就可以了。」

這個時候，學生們發現老師還沒有說話。子路就對老師說：「希望聽聽老師您的志向。」

孔子呢，就淡淡地說出對自己人格理想的描述，很簡單，就三句話：「老者安

之，朋友信之，少者懷之。」（《論語・公冶長》）

孔子的志向就是希望做到能夠讓老人得到安頓，讓朋友對自己信任，讓年輕人對自己懷念。

我們想一想，每一個人在這個世界上都不可能擺脫跟三種人的關係，那就是我們的長輩——生我養我的父母，我們的平輩——一生相隨相伴的朋友，我們的晚輩——自己的兒女。

孔子先不去談我要怎樣建設家國社稷，怎樣建立多少功勳，而是說讓我的老人都可以安頓了，讓我的朋友對我可以信任、託付，讓孩子們覺得我這個人是值得追慕、緬懷的，如果我的存在能夠讓這三種人心中有這樣的種種寄託，也就夠了。

> 在這裡面，擺在第一位的是「老者安之」。
>
> 我們都在說，中華民族有一種美德叫孝敬，但是，我們理解什麼是真正的孝嗎？

一個「安」字容易做到嗎？讓老人外在得安其身，內在得安其心，可能每一個兒子游問孝。
子曰：「今之孝者，是謂能養。
至於犬馬，皆能有養；不敬，何以別乎？」
——《論語・為政》

女都有自己的做法，但真正能夠做好卻很不容易。

中國民間有個說法，叫做「百善孝為先」。一切善行都是從孝開始做起，因為這是人生中最深刻的親情，人人不可回避。

在孝順這件事上，民間還有一個說法，叫做「論心不論跡」。我們知道，不一定每一個孝子都有充足的錢財和很高的地位，能夠按照他的夢想把愛折合成一種物質條件給他的父母。有時候一個很深刻的心願，但是做起來卻只是一件樸樸素素的小事，小到微乎其微。

對老人的這種安頓，也許我們可以有種種標準，比如買多大的房子，買什麼樣的車，帶老人去什麼地方旅遊，讓他穿什麼樣的衣裳，有什麼樣的飲食，但是這些能讓老人真正心安嗎？

很多學生曾經問過孔子，什麼叫做「孝」。「子游問孝。子曰：『今之孝者，是謂能養。至於犬馬，皆能有養；不敬，何以別乎？』」（《論語・為政》）子游去問老師，什麼叫做孝啊？老師說，現在的所謂孝，就是說能養活自己的老人就行了。但是，這真的就是孝嗎？

孔子接著反問，你看狗馬這些動物都能夠得到飼養，如果你只是做到讓父母衣食

無憂了，但你對他們沒有發自內心的尊敬，那麼這跟飼養狗馬有什麼區別呢？

「子夏問孝。子曰：『色難。有事，弟子服其勞，有酒食，先生饌，曾是以為孝乎？』」（《論語・為政》）這裡孔子又是一個反問句：「曾是以為孝乎？」你竟然認為這是「孝」嗎？

子夏問老師什麼叫孝。孔子又說了一種現象，他說：做子女的要盡到孝，最不容易的就是對父母和顏悅色。你看看今天的所謂孝，就是有一些要做的事情，孩子們都會搶著去幹；在一個物質條件不很豐富的情況下，盡量做到讓長輩有吃有喝。但是，這樣做可以算「孝」嗎？

子游問孝，子夏問孝，老師都鋪陳了一些大家普遍認為是「孝」的行跡：去好好地做事，養著父母，有什麼好吃好喝讓父母先吃先喝，有什麼勞頓自己可以先擔當，這些事情大家都認為是孝了。但是，孔子都要反問一句，這些跟飼養狗馬有什麼區別？這些真是孝嗎？

孔子的反問令人深思。中國人常常將「孝」和「敬」連用，孝敬孝敬，孝為行，敬為心，關鍵是我們的心中對父母有那份深深的敬嗎？

今天是生活節奏加快的時代，兒女們總是太忙太忙了。面對父母，今天的兒女應該要問問自己：如何讓老人因為有自己這個孩子而得到安頓，我們怎樣做到真正的孝？

我們總在說，孝敬是一種美德。但是，它不是一種本能。我們反過來說一個命題，就是父母對孩子的愛，有人說過那是美德嗎？沒有，因為那是近乎本能。

這個世界上，生物之愛都存在這樣一個現象，這個現象很美好，但也近乎殘酷：所有的愛都是下行的，也就是父母對兒女的愛。對父母來說，兒女是自己身上掉下來的肉，所以父母怎麼盡心都不為過。

我們看到很多故事，比如孩子得了病，這父母守在手術室外面，說把我的肝臟移植給他吧，把我的腎臟移植給他吧。我想，如果能移植心臟，那可能十個媽媽裡面有九個願意。

但是，我們去找找兒女為父母做過什麼的故事，可能遠遠不如父母對兒女做的多。

怎麼理解我們做到的孝，讓我們從孔子的這兩個反問句開始：我能養活父母了，是孝嗎？我凡事搶著做，讓父母有衣有食，是孝嗎？那我們先來看看，父母對孩子這一生又意味著什麼？

有這樣一個故事，說有一個小男孩，他從小就在一棵大樹旁邊玩兒。他特別喜歡這棵樹。這是一棵大蘋果樹，長得很高，又漂亮，又有很多甜美的果子。

這孩子天天圍著樹，有時候爬到樹上摘果子吃，有時候在樹底下睡覺，有時候撿樹葉，有時候他也拿著刀片、瓦片在樹身上亂刻亂劃。這大樹特別愛這孩子，從來也不埋怨他，就天天陪他玩兒。

玩著玩著，孩子長大了。有一段時間他就不來了。大樹很想他。過了很久，他再來的時候，已經是一個少年了。大樹問孩子，你怎麼不跟我玩兒了？這孩子有點不耐煩，他說，我已經長大了，不想跟你玩兒，我現在需要很多高級的玩具，我還要念書，還得要交學費呢。

大樹說，真對不起，你看我也變不出玩具，這樣吧，你可以把我所有的果子都摘去賣了，你就有玩具，有學上了。這孩子一聽就高興了，把果子都摘了，歡歡喜喜走了。

就這樣，每年他就是在摘果子的時候匆匆忙忙來，平時都沒有時間來玩兒。等到他讀書以後，又有很長時間不來了。再過一些年，這孩子已經長成一個青年，他再來到樹下的時候大樹更老了。

大樹說，哎呀，你這麼長時間不來，你願意在這兒玩會兒嗎？孩子說，我現在要成家立業了，我哪兒有心思玩啊？我連安家的房子還沒有呢，我也沒有錢蓋房子呀。

大樹說，孩子，你千萬不要不高興，你把我所有的樹枝都砍了就夠你蓋房子了。這孩子高興起來了，把樹枝都砍了，就去成家了。

這樣又過了很多年，這孩子再來的時候，已經是中年人了，這大樹已經沒有果子也沒有樹枝了。孩子還是不高興，一個人心事重重地徘徊在樹下。

這孩子說，我現在成長了，念完書，也成家了，我得在世界上做大事。這世界上的海洋這麼浩瀚，我要去遠方，可我連隻船都沒有，我能去哪兒啊？

大樹說，孩子，你別著急，你把我的樹幹砍了你就可以做船了。這孩子一聽很高興，砍了樹幹，做了一條大船出海去了。

又過了很多年，這個大樹只剩下一個快要枯死的樹根了。這時候，這個孩子回來了。他的年紀也大了。

宰我問：「三年之喪，期已久矣。君子三年不爲禮，禮必壞；三年不爲樂，樂必崩。舊穀既沒，新穀既升，鑽燧改火，期可已矣。」子曰：「食夫稻，衣夫錦，於女安乎？」曰：「安。」

他回到這棵樹邊的時候，大樹跟他說，孩子啊，真對不起，你看我現在沒有果子給你吃了，也沒有樹幹給你爬了，你就更不願意在這兒跟我玩了。

這孩子跟大樹說，其實我現在也老了，有果子我也啃不動了，有樹幹我也不能爬了，我從外面回來了，我現在就是想找個樹根守著歇一歇，我累了，我回來就是跟你玩的。

這個老樹根很高興，他又看見孩子小時候的樣子了。

這個故事，其實說的就是我們的父母和我們自己的一生。

老樹就是我們的父母，我們都是在樹下玩大的孩子。我們每個人都體會過這樣的一種成長，在父母身邊長大，走向社會。但為什麼人到最後才會歸來呢？這就是平時經常說的「不養兒不知父母恩」，真到自己當了父母的時候才知道自己的父母有多不容易。

可是，真等到我們回到樹根邊的時候，心裡就已經有太多的遺憾了，有很多能做的事情我們已經錯過了。然而，父母跟我們很少計較。

這個故事聽起來好像很殘酷，但兒女的一生，不就是從父母身上獲得了那麼多的東西嗎？父母付出的是他們生命中最寶貴的愛。

「女安，則爲之！夫君子之居喪，
食旨不甘，聞樂不樂，居處不安，故不爲也。今女安，則爲之！」
宰我出。子曰：「予之不仁也！子生三年，然後免於父母之懷。
夫三年之喪，天下之通喪也。予也有三年之愛於其父母乎？」
——《論語・陽貨》

為什麼孝敬是一種要大力提倡的公共美德，而不是每一個個人的生命本能呢？同樣是血緣，為什麼下行的愛如此自覺，如此濃烈，而上行的愛有時候卻顯得牽強呢？我很喜歡《論語》裡面孔子用的那兩個反問句。做到這些真的就叫孝嗎？這樣一問，讓我們警醒。

孔子是個寬和的人，他不是特別地要求所有人都必須怎麼做，包括他最看重的那些禮儀。有一次，宰我跟老師說：「為父母守喪，一守就是三年，好像太長了。君子三年不講習禮儀，禮儀必然敗壞；三年不演奏音樂，音樂就會荒廢。舊穀吃完，新穀登場，剛好是一年的時間；鑽燧取火的木頭四季都用不同的材料，一年也就輪過一遍。那為什麼我們的喪期非得三年，而不是一年呢？」

孔子就問他：「如果你服喪才一年，就吃精米白麵，就穿綾羅錦緞，你自己覺得心安嗎？」

宰我說：「我心安啊，沒什麼不安。」孔子就告訴他：「女（汝）安，則為之！」（《論語・陽貨》）如果你自己覺得心安的話，你就可以這麼做，沒有什麼，不必特別地刻意。

宰我走了，他出去以後老師就很感慨。孔子說：「宰我還是做不到仁啊！一個孩

子出生以後，要三年才能完全脫離父母的懷抱，所以替父母守喪三年，是天下的通例啊。難道宰我就沒有從他父母那裡得到三年懷抱的愛護嗎？」

一個小孩子出生以後，父母們都手裡懷裡抱著，呵護之至，抱到三歲，有的父母還很惆悵，說孩子要長大了，以後我就抱不著他了。很少有父母說抱到孩子一周歲就煩了，說我抱你什麼時候到頭，我還要抱你兩年，太煩了吧。但是，孩子長大以後，為父母守喪守到一年就有人覺得挺煩了。

孔子對宰我的言行沒有橫加干涉，他只是推測宰我幼年的經歷可能不完美。我們看到，在孔子那裡，三年之喪與三年之愛是相對應的關係，父母對子女是愛護，子女對父母是孝敬。

這個世界上沒有一種孤立的現象，也沒有一種孤立的標準。我們都在用自己的心去揣測他人。作為子女，如果我們能夠換位去想，那麼與其等到父母身後，我們去盡一年之孝或者三年之孝，還不如趁父母在的時候我們再多做一分一毫。

只要父母在一天，孩子就不會不掛在他們的心裡。但是，孩子經常跟父母說的話是什麼呢？就是：「媽，我最近不回來看妳，實在是太忙了。」

忙，有時候是可以忙忘的，但有時候忙是可以取捨的，取重而捨次。什麼是重？

子曰：「事父母幾諫。見志不從，又敬不違，勞而不怨。」
——《論語‧里仁》

人們往往覺得事業是重的，朋友的快樂是重的，在這種時候，父母往往是被忽略的。我們老是能聽見父母說一句話，說：「你去忙吧，要是太忙就不一定著急回家來，打個電話就行了，讓我知道你挺好就行了。」而孩子們呢，往往就把這個話當成是真的，就真會覺得父母只要知道自己在外挺好就行了。

在孩子這一生的成長中，尤其是長大以後，有時跟父母會發生衝突。有的孩子從小就有逆反心，父母孩子之間有代溝。還有，並不是天下父母做事都正確。那麼，當父母做得不對的時候，孩子真跟他們有衝突的時候，應該怎麼做呢？

對於上述情況，孔子有這樣的建議：「事父母幾諫。見志不從，又敬不違，勞而不怨。」（《論語‧里仁》）作為兒女，侍奉父母的時候，如果有意見相左的地方，甚至你覺得父母有什麼錯的地方，可以委婉地去勸止。這叫做「幾諫」，就是你一定要很克制地，很輕微地，能夠用一種柔和的方式去勸說。「幾」就是輕微、婉轉的意思。

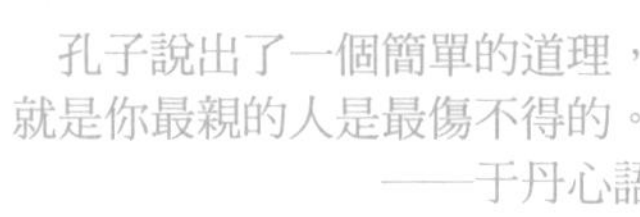

孔子說出了一個簡單的道理，
就是你最親的人是最傷不得的。
——于丹心語

我們去說一個道理，道理本身是什麼樣也許不重要，但是表達方式很重要。我們怎麼樣用一種最好的表達方式把一個很好的道理說得通，這很重要。

我們經常會學習一些人際交往準則，就是你跟同事要怎麼說話，你跟朋友要怎麼說話，但幾乎沒有一本社交寶典上會教你跟父母怎麼說話，因為大家都覺得，父母是親人，跟父母說話還需要講究方式嗎？

孩子們老說，我在外面受了氣，回家跟我媽說說怎麼不行？跟我媽還不能發發脾氣嗎？跟我媽還不能撒撒怨氣嗎？但是，千萬要注意，往往就是最親的人成了自己的情緒垃圾桶，有時候還會因此而受傷。

孔子說出了一個簡單的道理，就是你最親的人是最傷不得的，你跟他們有什麼意見相左，在說話的時候最好注意一下方式，好話能不能好好說呢？

孩子說了，有的父母會聽，有的父母沒聽，還在堅持自己的做法，那就是「見志不從」。沒聽你的怎麼辦？「又敬不違」，做孩子的還要心存尊敬，不要去頂撞他們。

你心中可能對這事繼續擔憂，但不能生出怨恨，這就叫「勞而不怨」。

這些就是兒女輩跟父母發生意見相左的時候聖人所提供的一種建議。

孔子從來不要求人們必須怎麼做。宰我不願意守三年喪，孔子說一年你心安則為之，也沒什麼。他更不會要求我們兩千五百多年以後的人，你必須怎麼做。他只是提這麼一個建議，但是這個建議對很多兒女來講，意味深長。

什麼叫做「又敬不違」？中國民間有個說法叫「孝順」，孝順孝順，順者為孝。很多時候，我們的孝心就在於不違背。當然，也有些兒女跟父母的衝突屬於大是大非。但是，如果現在做個統計，父母、兒女之間所產生的衝突，究竟有多少是大是大非，關乎道德，關乎家國大義？這種事情畢竟很少。

絕大多數的衝突，都是雞毛蒜皮，卻弄得父母心裡頭不高興，兒女心裡頭往往也委屈，因為兩代人可能動機都是好的，但看問題的方式不一樣。

我們做兒女的，很容易跟父母形成的衝突就是發生在生活習慣上。我們願意讓他們生活好，比如經常指著老媽說，妳看妳攢的這瓶瓶罐罐，妳這剩菜剩飯都捨不得倒，妳去買的全都是處理的菜和水果，咱們家生活還不至於這樣呀！現在日子過好了，妳還是過去的習慣，妳就不能把日子過好一點嗎？妳不能改掉嗎？這種話我們幾乎都會說。

我們有時候也會指著老爸說，現在我帶你去吃西餐，我帶你外邊去下館子，你老

真正愛自己的父母，
就意味著包容和尊重他們的習慣。
——于丹心語

捨不得吃，還老說吃不飽，非要回家來蹲在牆角吃你那碗麵條，這都是你原來在農村時候的生活習慣，你就不能改掉，好適應現在的生活嗎？

聽著這些數落老人的話，能說兒女不孝嗎？其實，這些都發自我們的內心。但是，孔子說了一句話，叫「又敬不違」，難道我們不能順著點父母嗎？

我們想一想，每一個人走到今天，都帶著歷史的烙印，每一個人都是由自己的習慣鑄就的。如果沒有老太太攢瓶瓶罐罐那段歲月，也許就沒有兒女今天的生活；沒有老爸蹲在牆角吃麵條的那種節儉，也許你就不會從那個村莊走出來，就沒有今天的樓房。

真正愛自己的父母就意味著包容和尊重他們的習慣。這是真正的敬。心理上的這種「敬」，直接導出來的行為層面就是「不違」。

所以，我們不是說在大是大非的問題上都一定要做兒女的放棄原則，但是，在可以不計較的時候，兒女要對父母多一點尊重和理解，多讓他們按照自己的方式去過一種快樂的日子，也許這就是最好的孝敬。

做晚輩的特別習慣於扶老人上下樓，這個動作有時候卻招老人反感，老人經常把孩子甩開說，你覺得我現在就走不動了？做兒女的這時候還真委屈。

其實，在物質生活豐富的今天，對於父母的心思做一些認真的揣測，按照他們的心意去做事，你可以做得更含蓄，更不外露，會讓父母心裡更自信，讓他們對自己有更多的肯定。這也許是最好的選擇。

每一個人從自己那條路走來的時候，他就會帶著歷史上溝溝坎坎留下的許多痕跡。一個人走到老年的時候，他有很多隱忍不露的地方，他有太多太多的故事……對於老人來講，有太多的東西不見得都願意對兒女說明。他可以自己去忍過一生，那麼這個時候，兒女就應該用心去想，我的父母他們到底為什麼要這麼做。

我曾經看到，有一個雜誌上說：當天神把每一個小孩子派到人間的時候，總是給他們很多祝福，總是跟孩子們說，你們去吧，到這個世界上去創造吧！你們可以享受生命的成長，一生中可以有著無數的奇蹟。多好的人間，你們去吧。

這些小生命很忐忑，說，天神跟我們說人間這麼好，可我們也聽說人間有很多的醜陋，有很多的競爭，有很多的掙扎。我們真到了人間，遭遇這一切的時候，沒有天神保護了，怎麼辦呢？

天神說，放心吧，我們已經早早派去了天使，每個小生命都有一個特定的天使在等著他。這個天使會終其一生，忠誠地對待這個孩子，在最黑暗的時候會給他光明，

在最寒冷的時候會給他溫暖，在所有風險來臨的時候，會拚著性命保護孩子。

孩子們一聽，就很放心了，問，我們怎麼才能找到自己的那個天使呢？

天神說，很簡單，你只要叫一聲「媽媽」，她就出現了。

我們看到，父母對孩子從來都是無怨無悔，終生相守，那麼，孩子對父母呢？恐怕就不是這樣的了。有時候，我們的孝敬之心埋在心底，但我們會有很多藉口，使得我們對父母的孝敬心思或濃或淡，自己閒的時候就濃一點，自己忙的時候就淡一點。

其實，我們今天想想，《論語》裡面關於孝的很多描述，不見得都符合今天的標準，因為它所誕生的那個時代離我們太遠，那時的生活環境與我們不同，更重要的是社會基礎不同，比如那時盛行宗法制度，而現在的社會不太講究這個了。

大家知道，在《論語》裡面曾提倡一種行為，叫做「父為子隱，子為父隱」（《論語・子路》），就是家裡面有人做了錯事，比如父親偷了隻羊，甚至比這更大的錯事，兒子要瞞著，不能告發，父親對做了錯事的兒子也是這樣。孔子說，父子相隱就是一種很正直的行為。

這種態度在今天，就不值得提倡。為什麼孔子要這麼提倡呢？我們可以先看看更深層的背景。在春秋時期，周天子乃至各諸侯國的君位繼承都是實行嫡長子繼承制。

嫡長子繼承制是當時君君臣臣、父父子子這樣一套禮儀體系的表現形式之一。君、臣、父、子，這個關係是一體化的，也就是說，兒女的孝敬跟臣子的忠誠連在一起。提倡孝道，跟以禮立國有關聯，所以孔子把「父慈子孝」這種倫理範疇之中的父子相隱行為納入「禮」的秩序之中，認為這種行為是值得提倡的。

我們明白了那個時代跟現代社會存在這種社會基礎上的差異，就不見得要把那個時候提倡的很多行為延續到今天。但是，如果從當時的情況推斷這些行為背後的道理，那麼有些道理對我們今天仍然是適用的。

比如，孔子說：「父母在，不遠遊，遊必有方。」（《論語・里仁》）今天的孩子，很多都是少年壯志，飄洋過海出去留學，父母在的時候怎麼能不遠遊呢？

當然，孔子還說了後一句話，叫「遊必有方」。意思是說，如果你一定要出遠門，必須要有一定的去處，好讓父母知道，少點擔心。換句話說，就是你真正有自己的志向，有自己要去做的大事，是可以走的，但是走了之後，要對父母有一個交代。

大家都知道，太史公司馬遷一生用了很長的時間遊歷天下，又曾接受朝廷的命令出使西南。在父親司馬談病重的時候，他在外漂泊多年終於回來。在父親身邊，他接受了一個偉大的使命。

司馬談這時快不行了，但他還有心事未了。他對司馬遷說：「我家先人是周朝的太史，從前名聲顯赫，後來家道衰落。現在我作為太史，處在當今天下一統、人才輩出的時代，可是我對這個時代卻沒怎麼記載，心裡真是恐懼啊！我死了以後，你一定會接替我做太史，繼承我們祖上的職業。你一定不要忘記我要撰寫的著作啊！」

司馬談又說：「所謂孝，始於事親，接著是事君，最後必能使自己揚名後世。揚名後世，以顯父母，這是孝之大者。你記著我的話吧！」

司馬遷哭著說：「小子不敏，一定好好整理父親已經記錄的歷史資料，不敢有所缺失。」

司馬遷就這樣接受了父親的囑託，最後寫成一部大書──《太史公書》，也就是名傳後世的《史記》。

我們看到，司馬遷之所以能夠去完成這樣一部大書，一方面可以說是繼承了其父司馬談的遺志，另一方面也可以說是他周遊天下的經歷使他開闊了視野，為這部大書奠定了基礎。

所謂「遊必有方」，不是毫無目的的漫遊。只有類似於司馬遷這樣的遊歷才有助於人生見識的成長。所以，司馬談才放心地讓司馬遷壯遊天下，也在臨終前鄭重囑託司馬遷繼承自己的志願。《史記》這部大書的問世，最終成就了司馬遷在中國史學界的崇高地位，也彰顯了其父司馬談對司馬遷的巨大影響。

兒女不簡單，要供養父母，侍奉父母，更重要的是要弘揚父母之志，能夠為社會去擔當責任，做一些有用的事。在《論語》裡面，其實也說到了這些。《論語》中曾經這樣說：「父在，觀其志；父沒，觀其行；三年無改於父之道，可謂孝矣。」（《論語・學而》）為什麼說父在要觀其志而不能觀其行呢？這又跟當時的制度有關。在那個時代，當他的父親還活著的時候，這個孩子是不能獨立行動的，他都得聽父親的，所以，無法觀察他的行為。但是，他可以有自己的見解和志向，所以，可以通過觀察他的志向來了解他。

如果他的父親去世了，這個孩子就可以獨立行動了。這時候，他是否孝順尊敬他的父親就可以通過他的行為看出來。如果他對父親的合理部分，長期地不加改變，就可以說他盡到孝了。

孩子有什麼志向姑且不論，而父親有什麼樣的理想，能不能夠世代相承下去，這個孩子能否做到多年不改，也很重要。司馬遷就是繼承了司馬談的志向，撰寫出偉大的《史記》，可以說，司馬遷對其父是很好地盡到孝了。

真正的孝敬，
是一個人用對自己長輩的心推及到社會上。
——于丹心語

真正的孝敬，是一個人用對自己長輩的心推及到社會上。孟子所謂「老吾老以及人之老，幼吾幼以及人之幼」（《孟子・梁惠王上》），這就不僅是孝，而且是仁愛了。每一個人都希望在社會上安身立命，能夠去做更多的事情。如果人人都用這樣的心去做事，那就好了。

在孔子的那個時代，一個人要從眼下做起，一直走到社會上。孔子曾經描述過一個人人格的成長中要做哪些事。孔子說：「弟子入則孝，出則弟，謹而信，汎愛眾，而親仁。行有餘力，則以學文。」（《論語・學而》）

這裡面其實有三個層次。第一個層次，是「入則孝，出則弟」。孝弟（悌）之義，對父母為孝，對兄弟為悌，講的都是倫理親情之愛。要先與自己的父母、兄弟這些親人把關係處好了，這是第一個層次。

第二個層次，是「謹而信，汎愛眾，而親仁」。如果一個人言語謹慎，篤誠守信，用愛親人的心去博愛眾人，還去親近有仁德的人，這樣他就走出了一己之愛，能夠有天下大愛，他就能為社會做更多事，走得更遠。

如果以上這些都做到了，孔子才說到第三個層次，「行有餘力，則以學文」。你要是還有餘力的話，就可以去學習文獻知識。孔子很注重實踐，實踐之餘你才可以去子曰：「弟子入則孝，出則弟，謹而信，汎愛眾，而親仁。行有餘力，則以學文。」

——《論語・學而》

學點書本知識。只能學而不能行，這在孔子看來，也許很不恰當。

我們不一定要說，那個時候的道理都適用於今天，但我們可將這些道理簡單地做個座標來參考。在今天這樣一個進步的文明時代，回頭看這三個層次，就會看到有時候恰恰是做反了：今天的孩子從一成長就知道要念書，在上幼稚園之前有親子班，然後是幼稚園，然後是小學、中學、大學。每個孩子都知道要去「學文」，因為「學文」就能進入社會，進了社會以後就能有尊崇的社會地位。

我們知道，現在的社會有一些核心價值都需要人們去尊重，比如信譽，還有忠義，可是這些一步一步做完之後，到最後忘了什麼呢？

往往是最簡單的東西被忽視了，也就是忘了「入則孝，出則弟」。對自己親人的這個環節是最容易忽略的。

我們的古聖先賢，他們所講的這番道理，不正是讓一個人從腳下出發，從自己的親人出發，能走多遠就走多遠，用這樣一種本能之愛走到社會上，再做理性的提升嗎？人們先把這些最基本的東西做好了，再去學學知識、文化，讓人走到更高的層次。

可今天呢？我們的心都從很遠的地方緩緩歸來。我們一開始都去學文化，都在努力去認同社會的公共標準。今天的小學生也知道世界地理，中學生也知道北歐歷史，但是還有幾個人內心能記住「入則孝，出則弟」？

古聖先賢的很多教誨，可以使我們讓自己的靈魂從遠方漂泊而歸，回到一個溫暖樸素的地方。我們最好不要忘記這些基本的道理。

這些道理為什麼重要？比如說，為什麼「孝」就這麼重要呢？

孔子的學生有若就曾經解釋過孝悌的重要性，他說：「其為人也孝弟，而好犯上者，鮮矣；不好犯上，而好作亂者，未之有也。君子務本，本立而道生。孝弟也者，其為仁之本與！」（《論語・學而》）

有若的意思就是說，一個人孝敬自己的父母，敬愛自己的兄長，卻喜歡觸犯上級，這樣的人是很少見的。一個人不喜歡觸犯上級，卻喜歡造反作亂，這種人從來沒有過。君子專心致力於根本的工作，根本建立了，「道」也就有了。孝順父母，敬愛兄長，這就是「仁」的根本啊！

有若說，「君子務本」。什麼是「本」呢？大家看，木頭的「木」字底下加一短

有子曰：「其爲人也孝弟，而好犯上者，鮮矣；不好犯上，而好作亂者，未之有也。君子務本，本立而道生。孝弟也者，其爲仁之本與！」
——《論語・學而》

橫，這就是「本」吧。這個短橫在什麼位置？就在樹根。什麼叫「本」？就是大樹的根。

人生可以長成枝繁葉茂的大樹，但是一切源自於這個根系。本要是牢固，樹就可以長得好，所以很多東西要務本。「孝」在《論語》裡就是作為這樣一種根本的道德而存在。

> 我們今天已經遠離了產生孝道的宗法社會。在今天的社會中，父子的關係已經不存在跟君臣關係的對應了。
>
> 是不是在今天這樣一種人人平等、法律公平的社會裡，「孝」就不是做人的根本了呢？

其實，如果我們靜心而思，考慮什麼是我們的核心道德，那麼就會發現，一個人在處理自己跟親人的關係上真正做好，也許不經意間會對整個社會都可以輻射出一種強大的力量。

大家可能都知道，中央電視台有一個特別節目叫「感動中國」。就在二〇〇六

年，「感動中國」中有一個人物叫林秀貞。她是河北省衡水市一個非常普通的農村婦女，她入選「感動中國」的理由非常簡單。

她不是我們想像中的英雄，沒有驚人的事蹟，她無非就是從嫁到這個村子開始，就義務贍養村裡所有的孤寡老人。她自己去一家一戶認門，看到劉爺爺劉奶奶癱在床上，她跟他們說，我以後天天來給你們做飯，反正我們家喝稀飯你們就跟我喝稀飯，我們家吃窩頭你們就跟我吃窩頭，但是我一定不會讓你們斷頓。

兩位老人聽到一個新嫁來的媳婦說了這樣的話，都沒有太在意。但是，就從這天開始，她日復一日、年復一年地去做，一直到了第八年，劉奶奶從破炕席底下掏出一個爛紙包，說，妮兒啊，這包裡是安眠藥，這是我原來留著跟妳劉爺爺有一天實在是動不了了時才吃的，這就是我們老兩口的歸宿。我們聽妳說了要照顧我們，還真這麼做了，一年兩年我們不踏實，三年四年不放心，現在都八年了，我們覺得確實是用不上這個了。八年了，我們看妳的心還沒有變，現在這包藥我可以交出來了。

林秀貞不光是養這一戶，她在村裡是見一個養一個，見一家養一家。她前後贍養了六位這樣的孤寡老人，而且一定是養老送終。短則七年八年，長則十幾二十年，每一位老人都這樣養過來。

在這三十多年中間，她自己的四個兒女陸續出生，孩子們就把村裡這些老人都看成自己家的爺爺奶奶，都幫著媽媽去這家剪剪指甲，幫那家拾拾柴火，大家就這樣過來了。

這就是林秀貞全部的事蹟，那你說她夠感動中國嗎？「感動中國」的推委會在寫到林秀貞這個人物推薦詞時有這樣一句話：如果富人做這樣的事，叫做慈善；而窮人做這樣的事，她就是聖賢。

孔子曾經說過：「仁遠乎哉？我欲仁，斯仁至矣。」（《論語・述而》）意思是說，仁愛真的離我們很遠嗎？我心中想到這樣做的時候，仁愛就到我身邊了。我們想想，做慈善容易嗎？做慈善也需要條件，沒有錢你就做不了。但是，做聖賢，有時候比做慈善還容易，因為你有心就夠了。

林秀貞最後當選為二〇〇六年「感動中國」的年度人物之一。當時節目舞臺上有一座一座的豐碑，每個人物都有一個評語鐫刻在各自的碑上。林秀貞的那個碑掀開後是四個大字，叫做「溫暖世道」。頒獎詞說，三十年來，善良流過村莊，她用自己的心溫暖了世道。

其實，林秀貞最後所做到的境界已經是仁愛了，但是她最初的起點，不過就是一

我們可以在這個世界上創造很多的輝煌，
但是永遠也不能忘了腳下的起點，
那就是父母對兒女的心。
——于丹心語

個普普通通農村婦女的孝敬之心，無非就是把別人家的老人當成自己家的老人，如此而已。

我們人類走到今天，也許社會制度在變，但「孝」就不是為人之本了嗎？也許這個理念可以不變。《論語》裡說，「君子務本」。一個人去偽存真，能夠在最樸素的地方見出做人的核心價值，那麼在一片紛亂迷茫之中，或許他就不會走得太亂，或許他不至於走得太遠。

孔子曾經說過：「出則事公卿，入則事父兄，喪事不敢不勉，不為酒困，何有於我哉？」（《論語．子罕》）他說，一個人出外則面對公卿，為社會做事，回到家裡，面對父兄去盡心，有喪事不敢不盡心竭力，而對自己的生活有節制，可以飲酒，但不會被酒困擾，對我來講，做到這些事有什麼難處呢？

我們看到，在孔子的思想體系中，「事公卿」和「事父兄」是連在一起的。我們想一想，在今天是不是也一樣？我們可以在這個世界上創造很多的輝煌，但是永遠也不能忘了腳下的起點，那就是父母對兒女的心。

對於孩子，父母有著太多的牽掛，比如怕他念書念得不好了，怕他為人不夠正直了，惦記他沒有錢買房子，惦記他的車不好被同事笑話了，惦記孩子要去受什麼教育了……父母對兒女的牽掛不一而足。但是，做兒女的問問自己，我們該讓父母操這麼多心嗎？

孟武伯曾經跟孔子問什麼是孝順，孔子回答了這樣一句話：「父母唯其疾之憂。」（《論語‧為政》）什麼叫孝順？父母對兒女的牽掛，應該只有一件事，就是兒女得病了，只有這件事可以讓他們真正擔憂。如果說兒女病了，還能讓父母不擔憂，這在人之常情上說不過去。兒女都是父母心頭肉，不管是兒女四十歲還是五十歲得了病，老爸老媽那也是心如刀絞，老人說還不如讓我替你病呢。所以得病不讓老人擔憂，你是做不到的。

孔子的言外之意是說，除了得病這件事我們無法擔保，別的事情你就不該讓父母擔憂，這才是孝敬的孩子。也就是說，你的學習就應該讓父母操心嗎？做人正直不正直，總要讓父母念叨嗎？與朋友交往，自己買房子，做生意，幹工作，這些事情做得好與不好，都得讓父母不斷操心嗎？這些都不應該讓父母擔心。

《論語》裡面講的道理非常樸素，記住這一句，就是兒女能讓父母牽掛的只是得病這件事而已。這是你躲不開的，但別的事情能不讓父母操心，你就已經是孝敬了。

《論語》往往就是這樣用一句最簡單的話告訴我們至深的道理。

我們都知道，人這一生步步行來，點點滴滴，父母能做的，往往是一些背後的小事。父母從來不會對兒女說嫌煩，父母也從來不在兒女面前表功。

有一個美國的小故事很有意思。一個小男孩，從小得了脊髓灰質炎，腿瘸了，這個病還導致他長了一口參差不齊的牙齒，很不好看，所以這孩子從小就備受冷落。小夥伴們都覺得他又瘸又不好看，就都不跟他在一起玩。

有一天，他的父親拿了一把小樹苗回來，跟他的多個兒女說，你們一個人拿一棵樹苗去種，看誰的樹種得最好，我就給他買禮物。

這個小男孩跟他的哥哥姐姐一起拿了樹苗種下去。這個孩子呢，由於老受冷落，就有一種自暴自棄的心態。他給那棵樹苗澆了一兩回水以後，心裡就有一種很消極的想法。他想，我不管了，還不如讓我那棵樹早早死了吧，我反正是不受人喜歡的孩子，我再想要禮物，也不會得到它的。他就再也不給那棵樹澆水了。

可是，後來他卻發現，他那棵樹就是長得比別人的好。那棵樹長得特別快，樹葉長得特別鮮亮。這是一棵特別茁壯的小樹。

父親不斷地對他說，天啊，兒子，你長大會成為一個植物學家的。你真是天才，你的樹怎麼這麼好呢？

過了一段時間，父親說，大家都看見了，在這些樹苗中，只有這個孩子種得最好，我的禮物得買給他。於是父親給這個小男孩買了一個他特別喜歡的禮物。

後來，這孩子不斷受到鼓勵，他就想，這是天意。有一天半夜，他睡不著覺，心想，書上說植物都是在半夜生長，我去給我的樹再澆點水吧。

他跑出來的時候，驚訝地發現，他父親在那棵樹邊正一勺一勺澆水呢。他突然明白，他的父親每天夜裡都在悄悄地為他澆著這棵小樹。這棵小樹就是父親在他心裡種下的一個意識，讓這個孩子自信起來。

看見這一幕以後，這個孩子的生命態度就改變了。後來，他沒有成為植物學家，而是成了美國總統。他就是富蘭克林・羅斯福。

這則小故事自然是虛構的，因為歷史上的富蘭克林・羅斯福是在三十九歲時才因病致殘。就跟眾所周知的「華盛頓與櫻桃樹」的故事一樣，故事本身不一定真實，但是卻反映了某些令人深思的哲理。那麼，「羅斯福與樹苗」的故事說明了什麼呢？

我們想一想，這就是父母對兒女的愛啊，這種愛永遠不需要走到陽光底下，永遠不需要讓兒女知道。你可以撞破這樣一個秘密，你也可能終生都不了解。但是，有幾個兒女願意點點滴滴為父母默默做點事呢？很多兒女做點事就要嚷嚷出來，要讓父母

知道，孩子是愛他們的。

我還看到過一個讓人很感動的兒女盡孝的小故事。有一幫朋友在一起聊天，有一個人說，我在外面時間這麼長，我要給爸爸媽媽打個電話告訴他們一聲。然後，他撥了一遍號碼，停了一下掛斷，又撥了一遍號碼，拿著聽筒等著，接著跟他父母說話。他的朋友們很奇怪，問，撥第一遍占線啊？他說沒有。朋友問，那為什麼要撥兩遍呢？

這個人淡淡地說，我爸爸媽媽年紀大了，腿腳不好，他們只要聽見電話就覺得是我的，每次都是不顧一切往前衝，恨不得撲在電話機上。我媽因為這樣就經常被桌子腿絆了。後來我就跟他們說好，我會經常打電話，但前提是你們一定不要跑，我第一次撥通電話就響兩三聲，然後掛上，你們慢慢走到電話機邊等著，過一會兒我一定還會打過來的。

這個故事，說實在話，是比較少見的兒女孝敬父母的故事。朋友們在一起要聊起父母對兒女的愛，大家可能隨口說出一大把，但是兒女有如此之心對父母的，往往少見。其實，我倒真希望這樣的故事能發生在我們每個人的家裡，發生在我們身邊。

翻翻《論語》，有那麼多關於「孝」的說法，說到最後，我覺得有一句話是需要子曰：「父母之年，不可不知也。一則以喜，一則以懼。」
——《論語・里仁》

我們每個人記住的，那就是：「父母之年，不可不知也。一則以喜，一則以懼。」（《論語・里仁》）

我們為人兒女者，可以在心裡問一句，我們父母的生日是哪天，他們今年多大了？不見得每個人都能說得很準確。但是，做父母的要是想，我孩子哪天生日，多大了，沒有幾個人想不清楚。

我們有時候覺得，老人不像孩子愛過生日，孩子過生日都是成長，他高興，而自己的生日老人有時候忘了就忘了，淡了就淡了，他覺得自己長一歲也沒有什麼好。

對我們兒女來說，父母的年齡不可不知，知道以後，那就是「一則以喜，一則以懼」，喜的是父母高壽，得享天年，做兒女的現在還有機會孝敬他們；但懼的是父母年事又高了一歲，我們還有多少時間能夠陪在父母身邊盡孝呢？我們還能夠有多少心願真正來得及完成呢？

可以說，父母之年在我們的心裡可能永遠是懼大於喜的，因為我們能做的太少，父母能給的太多。所以，這個世界上，有一種至深的悲愴叫做「子欲養而親不待」。如果真是到了那一天的話，我們就是捶胸頓足，涕泗滂沱，再三追悔，父母在的時候少頂一句嘴多好，多做一件事就來得及啊，但是一切都過去了，來不及了。

只要父母還在，就是兒女的福分。
——于丹心語

只要父母還在，就是兒女的福分。天下兒女心，就是在這個時刻，想一想父母之年，以及在有限的歲月中，我們還來得及做什麼，那麼一切都有可能。

「父母之年，不可不知也。一則以喜，一則以懼。」天下兒女心，我們都記住這一句話吧。也許從今天開始，我們的父母就快樂了，我們自己的心就得到安慰了。

于丹《論語》感悟之二

智慧之道

《論語》裡面，自始至終充滿著智慧。

智慧是洋溢在字裡行間的東西，它不見得就是拎出來的一句兩句的警句，更多的時候它是一種思維的方式。

眞正的智慧有一個重要標準，就是面對人心，你擁有什麼樣的判斷力。

我們今天該如何獲得大智慧，而不是小聰明？

> 真正的智慧有一個重要標準，
> 就是面對人心，你擁有什麼樣的判斷力。
> ——于丹心語

《論語》裡面，自始至終充滿著智慧。

智慧是洋溢在字裡行間的東西，它不見得就是拎出來的一句兩句的警句，更多的時候它是一種思維的方式。

《論語》總是用最樸素的話去點明那個至高的真理。

樊遲在問老師什麼是「知」（智）的時候，老師就說了兩個字，叫做「知人」（《論語・顏淵》）。也就是說，如果你懂得天體物理，懂得生物化學，或許你都不是擁有大智慧，你只是擁有了知識；真正的智慧有一個重要標準，就是面對人心，你擁有什麼樣的判斷力。

> 在一個充滿迷茫的世界裡，真正深沉的智慧就是我們能夠沉靜下來，面對每一個人以及他背後的歷史，能夠順著他心靈上每一條隱密的紋路走進他內心深處的那些歡喜和憂傷，那些心靈的願望。

學生再問老師，知人以後要做什麼呢？看來樊遲還是不能理解老師的意思。

老師又說：「舉直錯諸枉，能使枉者直。」（《論語・顏淵》）就是這樣十個字，樊遲問仁。子曰：「愛人。」問知。子曰：「知人。」樊遲未達。子曰：「舉直錯諸枉，能使枉者直。」樊遲退，見子夏，曰：「鄉也吾見於夫子而問知，子曰：『舉直錯諸枉，能使枉者直。』何謂也？」

說明我們知人以後要幹什麼。「舉直」，是把那些正直的、有才能的、善良的、符合社會核心價值的人，提拔上來，給他們一個好的空間。「措」是把他們安置在一個位置上。放在哪兒呢？放在「枉」者的上面。「枉」就是那些不正直的、不那麼高尚的人。

也就是說，讓賢達的、善良的人，讓這些符合核心價值的人，在那些不怎麼善良的、有一己之私的人之上。這是一個標準。

「能使枉者直」，這個標準更溫暖。也就是說，人性中沒有絕對的善與惡。我們不能說某一個人他就是一個十全十美的大善人，也不能說某一個人他自始至終就是一個十惡不赦的歹毒小人。其實，人性中的各種元素在不同的土壤，不同的溫度，不同的環境中，或善或惡，在一定的環境作用下都會有所釋放。

什麼叫做「能使枉者直」呢？就是說，一個人他也許表現出來的不是那麼高尚，也許他在做法上有一些促狹，甚至有一些卑鄙，但是你跟他在一起的時候，當你了解人心的時候，你有沒有一種力量，讓一個不那麼高尚的人，也就是心思可能有很多彎彎繞繞的人，讓他起碼在跟你合作的這一段時間裡表現得正直坦蕩一點？如果你能做到這一點，這就叫「能使枉者直」。

子夏曰：「富哉言乎！舜有天下，選於眾，舉皋陶，不仁者遠矣。湯有天下，選於眾，舉伊尹，不仁者遠矣。」

——《論語・顏淵》

有一句諺語說得好，人生的真正成功不在於你憑運氣抓了一手好牌，而在於你抓了一手壞牌，但是你能把它打好。人生交往的真正成功不在於你僥倖一路走來遇到的全是君子，而在於你遇到有些不能成為君子的人，當然不一定就是小人，能不能因為從跟你的交往中看到人性中的溫暖、善良，看到你對他的體諒、包容，而讓他美好的一面更多地表現出來。為什麼要知人呢？孔子說，就是這樣一個目的。

那麼，怎麼樣才能知人呢？孔子說，你看一個人，要「視其所以，觀其所由，察其所安，人焉廋哉？人焉廋哉？」（《論語・為政》）這話什麼意思呢？「視其所以」，從一開始你要看到他為什麼這麼做。看他做一件事不在於他在做什麼，而在於他的動機是什麼。

中間「觀其所由」，你要看他做事的經過和他使用的方法又是什麼。

最終是「察其所安」，一個人做一件事，什麼叫結束或者沒結束？不在於一件事情物理過程的終結，而在於他的心在這個結果上終於安頓了嗎？有些事情完了，但人心仍然不安，意猶未盡，他還要做；有些事情沒有完，但是有人可以說，雪夜訪戴，我乘興而來，興盡而返，我到了朋友門前，我可以不敲門就走，因為我的心已經安了。

所以看一個人做事，不要看事情的發展過程，而要看他心理上的安頓。這就是給我們一個起點，「視其所以」，再給我們一個過程，「觀其所由」，最後給我們一個終點，「察其所安」，那麼就會「人焉廋哉」，人還往什麼地方去藏起來呢？「廋」，就是藏匿的意思。

當你經過這樣一個過程的分析，你說這個人還怎麼能藏起自己的真實面目呢？這個人的心你弄明白了。

孔子不光告訴你「知人」很重要，他還告訴你「知人」的方法，就是你不要在靜止的一點上考察一個人的言與行，不能斷章取義說誰說什麼話了，所以他是個什麼人，不僅要聽其言，還要觀其行，而觀其行不單在於一個結果，而在於一個動態的過程。

在這個世界上，我們每個人做的事情看起來大同小異，日出而作，日暮而息，一日三餐，娶妻生子，大家好像都差不多。

但是，如果我們仔細分析每個人的人生，其實是千差萬別。

人的過錯千奇百怪，不一而足，
在過錯裡最見人心。
——于丹心語

同樣是吃飯，有些人是為了充飢，有些人是為了美食；同樣是睡覺，有些人是為了休息，有些人是為了做夢。

每一個人的動機都不相同。

你要從他的行為背後去追究到真正的原因。再說得進一步，你如何去觀察一個人呢？

孔子告訴我們，你要去看一個人的過錯，因為每個人的過錯最終都是可以歸類的，叫做：「人之過也，各於其黨。」（《論語・里仁》）「黨」，就是結黨營私的「黨」，在這裡指歸類，每個人的過錯都是可以歸進哪一類的人所犯的錯誤。

孔子還有一句話，叫做：「觀過，斯知仁矣。」（《論語・里仁》）你看一個人的過錯，就知道他是不是一個仁義的人。這就教給我們更進一步的方法，不僅要我們看每一件事的過程，還要去看看這個人的過錯何在。

大家都知道托爾斯泰有句名言，說幸福的家庭都是相似的，但不幸的家庭各有各的不幸。從某種意義上來講，我們在這個世界上做的很多善事差不多都是相同的，對或曰：「以德報怨，何如？」
子曰：「何以報德？以直報怨，以德報德。」
——《論語・憲問》

吧？比如，扶老攜幼，實行一些忠信之道，其實很多的社會基本價值是趨同的，但你去看，人的過錯卻千奇百怪，不一而足，在過錯裡最見人心。

人這一生，其路漫漫，孰能無過？真君子不是沒有過錯，而是能從他的過錯中洞察人心。有人是因為軟弱犯錯，有人是因為輕信犯錯，很多人的過錯是源自善良。

我們以前說過，學生問孔子：「以德報怨，何如？」孔子告訴他，你應該「以直報怨，以德報德」（《論語・憲問》）。「以德報怨」不也是一種過錯嗎？

有很多人都是由於內心過於慈悲、柔軟，而超出了底線，所以屢屢被傷害。這也是一種過錯。從這種過錯中，你或許能看出這個人心中一種深刻的善良。

所以孔子說，「觀過」，你就可以知道他是不是一個仁義的人。這其實是一個看人的方法。這種觀點很有意思，它可以超越時間，適用於不同的時代。

其實，人們面對過錯的時候，怎麼去觀察他們，有兩點很重要：第一點，就是犯錯之後的態度。用孔子學生子貢的話說，君子不是不犯錯，但君子之過如同日月之食，太陽和月亮都在天上，太陽再燦爛也有日食，月亮再皎潔也有月食。所以，「過也，人皆見之」，他錯就錯了，大家看得見，是明擺著的；「更也，人皆仰之」（《論語・子張》），改了之後他還好端端的，你還得仰望他。

所以，君子「過則勿憚改」（《論語．學而》），錯就錯了，別怕改；「過而不改，是謂過矣」（《論語．衛靈公》），錯了不改才叫過錯。這一點很重要，錯就錯了，馬上改。

第二點，真正的君子還有一個特點，叫「不貳過」（《論語．雍也》）。用今天的話來說，就是不犯同樣的錯誤。人這一輩子是可以犯錯誤，但是犯錯誤也要有點品質，也要高級一點，我們不能屢屢犯同樣一個錯誤。

不同的事情在不同的情景下可能有失誤，但是你要記住教訓，不要在同一個地方再次跌倒。

觀察一個人的過錯，難道不比觀察一個人的成績要更深刻、更見人心嗎？

通過這些知人的方法，最後你考察出來的，可能是跟客觀世界所呈現出來的面目完全不同的結果。

有些人在遊藝場上玩兒，比如大家去學賽車，一個開得特別快的新手，他已經遙遙領先。你問他為什麼把車開成這樣，他可能說我一直追求速度，我覺得還不夠快。其實他已經是第一了。

你看到慢慢吞吞一直在後頭的人，你問他開車為什麼這麼慢呢？這個人有可能告

> 子貢曰：「君子之過也，如日月之食焉：過也，人皆見之；更也，人皆仰之。」
> ——《論語．子張》

訴你，我覺得已經風馳電掣了，這是我生命中的極限速度，我從來沒有過這麼快的體驗。其實他已經是最慢的了。

這說明了什麼呢？每一個人都帶著他以往的價值觀和以往的生活座標，他能感覺得到的是跟他自己心理上的參照。心理上覺得最快的那個人有可能是客觀上比較慢的，心理上覺得還慢的人他在挑戰極限，客觀上他已經是最快的了。

觀察一個人，是看其外在的現象，還是看他的內心，差別很大。孔子說，觀察一個人，要「視其所以，觀其所由，察其所安」，其實就是告訴我們怎麼樣能夠獲得大智慧。

> 我們想，獲得大智慧以後是為了幹什麼？大智慧的獲得，不是為了我們蜚短流長品評人物，是為了有用。也就是說，在這個世界上，知人之後應當知道如何用人。

大家都知道子路。子路是一個勇敢過人但智謀稍稍欠缺的人，有一次他問他的老師：「子行三軍，則誰與？」（《論語・述而》）他說，老師，如果現在讓你帶兵打子謂顏淵曰：「用之則行，舍之則藏，惟我與爾有是夫！」
子路曰：「子行三軍，則誰與？」
子曰：「暴虎馮河，死而無悔者，吾不與也。必也臨事而懼，好謀而成者也。」
——《論語・述而》

仗，你會選擇跟什麼人同行呢？可能子路想，老師你這樣一介儒生，帶兵打仗肯定要選擇很勇猛的人吧。

結果，老師告訴他：「暴虎馮河，死而無悔者，吾不與也。」（《論語・述而》）什麼叫暴虎馮河？「暴虎」，指赤手空拳就敢搏擊老虎。「馮」就是憑藉的意思，讀如憑。「馮河」，指一條浩浩蕩蕩的大河在那裡，河上沒有橋，也沒有船，這個人隻身就敢去游大河。一個人敢這樣做還不說，還要拍著胸脯保證：死而無悔，我不怕，我的勇氣就足夠支撐我這麼去做，我用不著考慮後果。如果一個人在三軍陣前這樣來表態，孔子說，我不選擇跟他同行，我不用這樣的人。

那麼，孔子會用什麼人？孔子也說了他自己的標準：「必也臨事而懼，好謀而成者也。」（《論語・述而》）臨事而懼啊，一事當前心裡得知道害怕。

我們想一想，今天主管在下任務的時候，很可能面對兩種人：第一種人聽個大概馬上拍胸脯說，請放心，我二十四小時當四十二小時幹，保證完成任務，我立下軍令狀，完不成拿我是問，都包在我身上了。第二種人在那兒聽啊聽啊，最後說，您說的這件事太大，您讓我回去再收集點數據，好好考慮一個可行性方案，我盡量把它完成。這樣的兩種人，你會用誰？

第一種人就是敢於暴虎馮河的人。第二種人就叫做臨事而懼，他是真知道害怕啊！

我們從小到大，比如去參加一個特別重要的考試，去見一個你特別在乎的人，這個時候你心裡不會害怕嗎？一定是心裡有點打鼓的，因為你太在意了。那麼，一件事情交給你，你輕易就敢拍胸脯嗎？

二十四小時它就是二十四小時，你連第二十五小時都擠不出來，你想把它當成四十二小時過那是不可能的。你說立下這個軍令狀，最後完不成也就那樣了，還能怎麼樣呢？

在這個世界上，什麼都不怕的人是最讓別人害怕的。孔子說，一個人得有一點敬畏之心。一個責任擺在那裡，你要來擔當的時候，心裡總要問一問，是不是真正沉甸甸把它當回事？

但是，懼怕也要有個分寸，你怕到打退堂鼓嗎？這個事兒真的不做了嗎？沒個分寸，怕到不做，也不行。

所以還有後四個字，就是孔子說的，「好謀而成」。什麼叫「好謀而成」？就是我真把它當回事接下來了，然後好好地運用自己的智慧，一步一步去謀劃，直至完成。孔子說，你問我用什麼人嗎？我就用這樣的人。

在今天這個時代，很多時候我們看到，表決心的人，拍胸脯的人，聲音都很大，我們還能夠考慮到他心裡真正有如臨深淵、如履薄冰的那點在乎嗎？我們能真正考慮一件事的可行性嗎？

法國曾經出過一道智力測驗題，有獎徵答。測驗題說，如果羅浮宮不幸失火，這個時候你只能從裡面搶出一幅名畫，你將搶哪幅畫？

大家紛紛來作答，絕大部分人都集中在《蒙娜麗莎》上，要搶肯定搶這幅畫。但是，這個大獎最後被法國當時的大作家凡爾納拿走了。凡爾納的答案是什麼呢？他說，我搶離安全出口最近的那幅畫。

《蒙娜麗莎》在哪兒？去過羅浮宮的人都知道，它在二樓的一個大廳裡，而且是一幅不大的畫。我們想想，要是真著火了，一片濃煙中，別人往外逃生，你逆著人流往二樓上跑，估計你還沒摸著《蒙娜麗莎》那幅畫就已經被燒死了。

在這種情況下，你應該怎麼辦？

說起來很簡單，第一步是要找到安全出口，要讓自己能夠從火海中逃出來，第二步就是你能隨手搶哪幅畫就搶哪幅畫。這是大智慧啊！

大智慧永遠不是只知拍著胸脯瞎保證，以為一個高昂的聲音就能夠代表自己的品質。暴虎馮河，死而無悔，只是小聰明。

> 在這個世界上，怎樣真正做到「知人」？
> 我們是信任大智慧，還是信任小聰明呢？其實，大智慧跟小聰明的區別，有時候只是彰顯在一種態度上。

我看到一個有意思的故事：

有一個身價億萬的富孀，特別惜命。她要招聘司機，條件是這個人的技術一定要好。她的管家給她千挑萬選，最後在全國挑出來三個司機。這三個人水平不相上下，技術都是絕對一流。

管家定不下來，把三人帶到老太太面前說，妳自己定吧。這個老太太問了他們仨同一個問題：如果我們現在出去，前面是懸崖，憑你的技術，能夠把車停在離懸崖多遠的地方？

第一個司機馬上回答：我技術好，我能穩穩當當把車停在離懸崖一公尺遠的地方。

第二個司機就說：我技術比他還好，我能停在離懸崖三十公分的地方。

第三個司機想了一會說：我大老遠一看見懸崖就停車，我不過去。

結果，被老太太錄取的司機是第三個人。

為什麼呢？答案就在三個人的態度上。

前面兩個司機靠著技術逞強，難免不會出事。第三個司機知道什麼最重要，那就是安全，所以他不會把技術當作炫耀的資本。

這就是大智慧和小聰明之間的區別。

> 我們想想，這個世界上有大智慧者畢竟只是少數啊，那麼有小聰明的人都不要用了？有小聰明的人就什麼都不幹了？
>
> 就像大家翻完整部《論語》說，有君子之德的君子好是好，可小人也不少啊，我們是不是一定要遠離那些小人呢？

真正的「知人」，是把不同的人放在不同的地方，使大家各得其所。孔子就有這子曰：「君子食無求飽，居無求安，敏於事而慎於言，就有道而正焉，可謂好學也已。」
——《論語・學而》

樣的說法，他說：「君子不可小知，而可大受也；小人不可大受，而可小知也。」（《論語・衛靈公》）這話什麼意思呢？就是說，每一個人都各有其位。

真君子是什麼呢？按孔子經常說的標準，君子是「訥於言而敏於行」（《論語・里仁》），也就是「敏於事而慎於言」（《論語・學而》）。

孔子認為，君子都是話不太多的人，不怎麼唱高調，所以他說：「剛、毅、木、訥，近仁。」（《論語・子路》）這個人不一定很善言辭，但是他內心非常剛毅、果敢、樸實，這種人可以大受，就是你給他一個大任務，讓他去擔當承受，那麼他會性命相搭給你完成。

但是，這種人是不是就沒缺點呢？他也有弱點，「不可小知」，就是你別拿小聰明的事情去試探他。我們今天這個社會上有好多事情是需要小聰明的，比如說很多商務往來，有時候跟客戶溝通，需要那種伶牙俐齒的人，需要八面玲瓏，甚至還要阿諛奉承幾句，這些事都屬於小聰明，真君子肯定給你幹砸了，他就做不了。

但是怎麼辦呢？也有人會幹這個。孔子說，小人可小知而不可大受。也就是說，一些小人也能有用。小人他也有長處，也就是善於言辭，能逢迎，看人臉色啊。他能夠把剛才所說的一些事情做得很好，但你別認為他做好這些事就能給他大事做。真正擔當大事的人不能是這樣過於油滑、見風使舵的人，儘管他有小智，但不可大受。

我們看，「知人」是為了什麼？知人就是為了用人。也就是說，知人以後你就能把他擺對地方。

有一句諺語說得好：這個世界上沒有廢物，所謂廢物不過是擺錯了地方的財富。人也是一樣。你能說某一個人在某個崗位上一定是不稱職的嗎？關鍵是你把他擺在什麼樣的位置上。

寸有所長，尺有所短。由於應用的地方不同，一尺也有顯得短的時候，一寸也有顯得長的時候。那麼，如果將尺和寸應用在合適的地方，是不是剛好都能避開它們的短處而發揮它們的長處？

我們也可以看到，不一定是我們大家認為最高尚、最有智力的人最適合幹任何事情，誰也不能百事皆能。

有一個實驗很有意思：都用廣口玻璃瓶，一個裡面放五隻蜜蜂，一個裡面放五隻蒼蠅，瓶底衝著光亮方向，瓶口朝著黑暗方向，在那裡放著，看牠們做什麼選擇。

蜜蜂的生活環境顯然比蒼蠅要好很多，牠們合作釀蜜，是有組織有紀律的。好像是有邏輯的認知，牠們堅持認為出口一定是在光亮處。結果呢？五隻蜜蜂都撞死了，

「知人」，從知道自己到了解他人，
都要擺對位置才行。
——于丹心語

因為牠們不停往瓶底上飛，飛不出去也要往那兒飛。

什麼叫無頭蒼蠅？瓶子裡的蒼蠅就是。最後那五隻蒼蠅都活著飛出去了，因為牠們不是非朝著光亮的方向飛不可。牠們誤打誤撞，哪兒能出去就出去了。

這個實驗說明什麼呢？就是說，我們不能僅以自己的判斷來判定所有好的事情都一定得是哪個很高尚、很有智力的人才能完成。「知人」，從知道自己到了解他人，都要擺對位置才行。這才是真正的智慧。

智慧終究是要有用的，用在這個世界上去做什麼？那取決於我們自己。對此，孔子沒有一個很苛刻的、很單一的標準。

孔子說，有些人經過一生的經驗修煉而成中庸之道，這種人很好，你可以跟他交往。但是，如果你的朋友裡沒有這樣的人，「不得中行而與之」，你沒有找見這樣的朋友怎麼辦呢？「必也狂狷乎！狂者進取，狷者有所不為也。」（《論語・子路》）孔子說，那你就可以和「狂者」、「狷者」交朋友。

什麼叫「狂者」？就是凡事特激進的人。什麼叫「狷者」？就是凡事很拘謹的人。為什麼孔子說你還可以和這兩種人交朋友呢？因為狂者有進取心，一意向前，而狷者有所不為，不肯幹壞事。

> 子曰：「蓋有不知而作之者，我無是也。多聞，擇其善者而從之；多見而識之，知之次也。」
>
> ——《論語·述而》

這就要看，你用朋友去補足生活中的哪一方面。如果你是一個怯懦的人，有幾個「狂者」的朋友，他們可以激勵你。如果你是一個莽撞的人，你有幾個「狷者」的朋友，他們可以告訴你什麼該做，什麼不該做。

在我們看來，「狂者」、「狷者」顯然不如「中行者」。中庸之道是完美的，但生活中哪兒有那麼多完美啊？哪兒有那麼多已經準備好的朋友，準備好的崗位，一切都就著你的生命給你一路鮮花地擺好啊？

真正的智慧，就是不管遇到什麼人，你都能夠看到他生命中的優點，跟自己形成互補，而你自己生命中的那些優點「能使枉者直」，能夠使那些原本不太好的人有所改變。可以說，這是大智慧。

那麼，這樣的智慧由何而來呢？孔子還是教過我們一些方法的。他說，人的智慧是可以學來的。實際上，有好多人不學，只是在那兒一個勁地困惑，普通老百姓就是這樣。

孔子說：「蓋有不知而作之者，我無是也。」（《論語·述而》）他說，有那種自己沒有多少知識，沒有大智慧，卻憑空臆測的人，反正我不做這樣的事情。

孔子接著說：「多聞，擇其善者而從之；多見而識之，知之次也。」（《論語·述孔子曰：「生而知之者，上也；學而知之者，次也；困而學之，又其次也。困而不學，民斯爲下矣！」
——《論語・季氏》

而》）他說，我無非就是多去聽，聽見好的我就跟著去學；我多去見，見到好的我就記下來。這樣，我就能夠不斷地長進了，儘管這樣的智慧是次一等的智慧。

為什麼孔子說這是次一等的智慧？因為他認為人的智慧的得來，其實有四個等級。第一等叫「生而知之者」，生來就有智慧。第二等就是「學而知之者」，通過學習來了解智慧。第三等是「困而學之」的人，就是遭遇困惑了，有麻煩才臨時應急想學。最次一等就是「困而不學」，就是已經遭遇困境還不學，那你當然只能認命了。孔子通過多聽多見來學習，顯然是第二等人。

這四個層次聽起來容易劃分，但是大家最容易質疑的就是第一個層次：誰是「生而知之者」，誰生來就裝著滿肚子的智慧？

所謂「生而知之者」，是指那種悟性特別好的人。如果說「學而知之者」是看見了什麼就能夠舉一反一，而「生而知之者」就是憑著他的悟性可以舉一反三，很多事情他無師自通，可以聯繫起來想，這個層次就很高了。但是，這種人很難見到。孔子是博學的人，但他也不承認自己是「生而知之者」，他只是「學而知之者」。

今天是個知識爆炸的時代，知識固然很重要，但是比知識更重要的是智慧，比智慧更重要的是經驗。而且，在經驗裡面，悟性是最重要的一點。

也就是說，怎樣提升我們的經驗，讓它能夠切實合用，能夠在我們的生命體系裡提供一種別人不能替代的智慧，這就要靠我們自己的悟性的醞釀和提高才行。要想達到這麼高的一個層次，怎麼辦？

說起來也簡單，就是要把這個世界上的很多東西聯繫起來看。

一九七九年十二月，美國氣象學家洛侖茲在華盛頓美國科學促進會的演講中提出一個著名的觀點：一隻蝴蝶在巴西振動翅膀，有可能在美國德克薩斯州引來一場龍捲風。這就是後來大家所說的蝴蝶振翅效應。

為什麼蝴蝶振翅能夠引起那麼遙遠的龍捲風呢？因為這個世界上的事物都息息相關，凡事之間都有著微妙的聯繫。如果看不到這些聯繫，那就是你的悟性不足。如果我們的悟性夠高，我們的經驗有時候就能夠教會我們找出最簡單的方法，讓一些複雜的問題迎刃而解。

我記得建國初期有一個事蹟介紹，很有意思。當時某研究所拿到一臺蘇聯產機器，結構非常複雜。人們想要研究它，然而拆開機器後所有工程師都傻眼了。原來，機器裡面有將近一百根管子，盤根錯節，這一端有那麼多管子的入口，那一端有那麼多管子的出口，但中間管子跟管子是怎麼連接的，誰都不知道。

大家一看，覺得不能接著拆了。所有的工程師對這臺機器絞盡腦汁，但就是不知道它的結構。

這時候，研究所一個看門的老人過來了，他只用了兩樣東西，就把這件事解決了。哪兩樣？一個是他自己手裡握著的大菸斗，另一個是他拿在手上隨時在傳達室小黑板上記事的粉筆。他過來後就吸足了一口菸，隨便找一根管子，吐進菸去，然後看見那邊有一根管子冒出煙來，他就在這頭寫了個「1」，在那頭也寫了個「1」。他又吸一大口菸，再朝一根管子吐進去，又一根管子冒出煙來，他在這頭寫上「2」，那頭寫上「2」。這樣做下去，最後他就把這些管子的對應關係都弄清楚了。

老人解決了問題，憑的是什麼？當然不是學來的知識。其實，這是在經驗基礎上加上悟性才能夠產生的一個實用的方法。什麼是大智慧？這樣的悟性就是。

> 知識是可能產生智慧的基礎，但知識未必直接導致智慧。真正有智慧的人，雖然從外在因素來說是可以學的，但內心必須要有自己的醞釀。那麼，什麼是自己內心的醞釀呢？

人要想真正達到大智慧，
最後都是要叩問內心的，
就是自己的心靈智慧能夠達到什麼樣的境界。
——于丹心語

我們先來看看孔子的境界。孔子能夠做到的境界非常難得，叫做「子絕四」，也就是他把四樣毛病在他這兒基本做到杜絕了。哪四樣呢？叫做：「毋意、毋必、毋固、毋我。」（《論語・子罕》）

什麼意思？第一是「毋意」，意是主觀臆斷，就是一件事情擺在那兒，沒有什麼真憑實據，拍腦袋一想就說它是怎麼回事。這樣的事孔子基本上不做。

第二是「毋必」，也就是說他沒有抱一種必然的期待，說一件事情必須按照我的思路去走，必然有個什麼結果。

第三是「毋固」，也就是說不固執己見，要真正尊重這個事情的規律，尊重它的變化，然後去找它的客觀走向，而不是固執於心。

第四是最難的，就是「毋我」。最後能夠讓自己達到一個渾然忘我的境界，然後去真正完成對客觀事物的判斷。這容易嗎？非常不容易。

其實，人要想真正達到大智慧，最後都是要叩問內心的，就是自己的心靈智慧能夠達到什麼樣的境界。

今天的世界很紛繁複雜，所提供的機遇不一而足。面對這樣的世界，我們心中那種固執的心理應該是越來越少的，因為在多樣化的世界上我們可以有多樣化的選擇。

可是，有些孩子四、五歲的時候，父母就教他說，我以後要上北大，我以後要念清華。到了六、七歲，就會說我就要上北大中文系，我就要上清華建築系。這一方面是家長覺得孩子立志，但另一方面，孩子的那種「必」與「固」的心理在心裡就越來越深。也就是說，將來他沒考上北大中文系，去了西語系，他就認為這是失敗的；他上了清華的管理系，沒有上建築系，他也認為是失敗的。

其實，有時候我們轉換一個思路，比如說，人生不一定那麼強調唯一性的目標，但你要有一個清晰的方向，這就會讓自己寬容很多。

什麼叫目標？目標就是一個點，就是從我這裡走過去，鼻子尖必須碰到那個點上，這才叫到達目標。

什麼叫方向？就是從我這兒走過去，那個目標偏左十度，偏右十度，有個夾角，在這二十度之內，只要我能觸達其中任何一個點，都在我的方向之內。

我們想想，只要我知道我是向北走的，我不會走到正南、正東、正西去，那麼北偏東十度、北偏西十度不可以嗎？人生如果給自己這樣一種寬容的態度，就會破掉很多盲目的執著。

在這樣堅持自我的內心中，要有方向，再來與客觀環境進行調適，不斷地在這種調適中去實現自我，才是最有意義的人生。做到這一點，就是智慧。

我們可能很迷惑，一個人怎麼樣才能夠「毋我」呢？把心中那種特別自我的東西、令人困頓的東西也破除掉，容易嗎？

禪宗語錄中有很多有意思的問答，這就是智者聽了就悠然心會的話。

一個弟子去問高僧說，我怎麼才能夠得到解脫啊？這其實是我們很多人心裡的聲音。高僧只問了他一句話：是誰綁住了你？

這個弟子又問：何方才是真正的淨土啊？高僧又反問他：是誰污染了你？

弟子又問：怎麼樣才算是真正的涅槃啊？高僧問他：是誰把生死給了你？

我們想想，這樣的對話，其實就讓我們走到了生命的本初源頭上，變得超脫了。

我們說，中國儒家有很多觀點在思想上是極其深刻的。它是一種接近純粹哲學意味的東西，但是如果我們能夠在今天的現實裡把它化用於實踐，它在你的心裡就會點醒一種徹悟。這種方法能夠給你一個光明的出路。

如果有了外在的學習，又有了內心的徹悟，達到這種內外合一的時候，其實還要有一些現實的方法運用在我們的生活裡才行。

孔子給我們提示了這樣的方法。他說：「吾有知乎哉？無知也。有鄙夫問於我，

空空如也；我叩其兩端而竭焉。」（《論語・子罕》）

孔子說，你說我算是一個有智慧的人嗎？我沒什麼大智慧。有鄙夫，也就是有個大老粗，他來問我一些問題，我腦子空空蕩蕩的，所以我就回答不上來。沒有一個人是全知全能的。但是孔子說，我有個方法，就是我遇到任何事會「叩其兩端而竭焉」。也就是說，一事當前，人要跳得出，不要沉浸在這個事情的過程中，糾纏於細節，而是要抓住這件事情的兩個極端，就能求得事情的解決，知道問題的真相。

凡事在你眼前，你就問問自己，最好能怎麼樣，最壞能怎麼樣？然後你才可以決定怎麼做。這叫「叩其兩端」，就是問它兩端的極值，然後來統觀全局。

這裡要說到一個有名的小故事。德國一個小學的課堂上，有一個小男孩特別淘氣，從來不認真聽講，老師實在太煩了，為了讓他安靜一會兒，給他出了道題，隨口說：你坐在那兒算，一加二、加三、加四、加五、加六，一直加到一百，你去算吧，最後得多少？

老師轉身接著講課，沒過幾分鐘，這小男孩站起來了，說是五千零五十。老師大吃一驚，問他怎麼算出來的？那小孩說，一加一百是一百零一，二加九十九是一百零一，三加九十八還是一百零一，這樣兩頭加，加到中間，五十加五十一還是一百零一，那麼五十個一百零一不就是五千零五十嗎？這個小孩就是後來的大數學家高斯。

小高斯用的這個方法，就是一個特別簡單的叩其兩端的方法。

我們會碰到許多問題，關鍵在於要找到一種最簡便的解決方式。在生活裡，我們多容易按照既定的邏輯去走啊！我們能夠跳得出來嗎？只要我們問一問所謂最好和最壞的情況，也就跳出來了。

我們在這樣的思路上去解決問題，就不至於在細節中耗費太多細膩的心思。

關於智慧，每個人如何去徹悟，還是有方法可尋的。所以，以知識作為積澱，以智慧作為我們努力提升的境界，每一個人循著自己的心往前走，都能夠找到他的意義，都能夠豐富他的人生。

孔子有一句話說得好，叫做「人能弘道，非道弘人」（《論語・衛靈公》）。「道」指天地大道，天地間真正的道理，也包含著很多知識。「人能弘道」，人可以使這種道義弘揚、擴大，而不是說一個死的道理、死的知識，擺在那裡，它就一定能夠讓一個人豐富壯大起來。「弘道」，關鍵就是人怎麼樣去把一個道理運用在自己的生命實踐中，讓自己真正把它啟動？

我們的生命是用來做什麼的？它不僅是一種思想、知識的載體，而且是一個可以

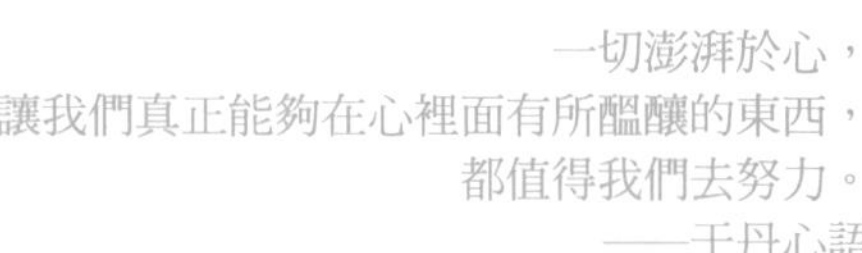

啟動「道」的主體。一切澎湃於心，讓我們真正能夠在心裡面有所醞釀的東西，都值得我們去努力。

從事任何一個職業，學習任何一門學問，最好的境界是什麼呢？孔子說：「知之者不如好之者，好之者不如樂之者。」（《論語・雍也》）這是三個不同的層次。

在今天，「知之者」不難做到，我們去學一門知識，拿一個文憑，讀一個專業，多簡單啊。拿到的文憑，就是你進入這個行業的敲門磚，你拿著這個文憑就可以說我已經是「知之者」，但這是最低的層次。

比這個更高級的是「好之者」，就是對這個行業，我有一種真正的愛好，我會孜孜以求，會在這個事情裡面不斷灌注自己的熱情、靈感，不斷探尋追問，最後把它啟動。一般人會覺得「好之」已經不容易了，能夠那麼投入。「好之者」固然投入得深沉，但有時候會未免沉重，有人會把畢生的精力包括休閒的時間都用在上面。「好之者」，我們經常表揚他們的一個詞叫「嘔心瀝血」。但是，顯然這還不夠理想。

用孔子的話說，最高的境界叫「樂之者」，也就是說樂在其中，生命在這個職業中的穿越是莫大的享受，這個過程時時刻刻都是快樂於心的，他所得到的也許不是一份薪水，不是一個業績，不是一個表揚，而是自己生命的那種大歡欣。

子曰：「知之者不如好之者，
好之者不如樂之者。」
——《論語・雍也》

也就是說，「樂之者」的這種境界，就是我學了一種知識，做了一份職業，在終極穿越的過程中不僅是這個行業成全了我，而且由於我自己的心智成全了這個行業，在這種相互成全中，我獲得莫大的享受與歡樂。這是一個大境界。

我們今天從一開始就說到智慧，這個世界的智慧有些是可以去觀察的，有些是可以去感悟的，循著聖賢講的這麼多道理走下來，最後我們會知道，智慧最高的境界在於自己心中通徹的透悟而最終成就生命的歡欣。

所以，只要有自己的心智在，智慧才能夠從知識轉化而來。這種融入你的心智的東西，是內心中最好的醞釀。

有一個小故事說得好：有一個哲學家，他每天都在思考人跟世界之間的關係。有一次，他要做一個主題演講，他很困擾，不知道怎麼來把這個關係理順。他準備演講稿的時候，他的小兒子在旁邊不停地搗亂。

他沒法安撫住這個孩子，煩得不行，就隨手翻雜誌。忽然翻到雜誌的封底是一個花花綠綠的世界地圖，就順手把這一頁撕下來，撕成了很多碎片扔在地上，跟孩子說，你現在把這張圖畫給拼上，能拼好就給你獎賞。他給了孩子一捲塑膠膠條。他想，這麼大點的一個小孩，這個圖夠你拼兩鐘頭的，這回可以安靜了。

一個人正確了，
他的世界大概也就正確了。
——于丹心語

結果，還沒有半小時，那小孩就拎著用膠條拼好的地圖來了，說，爸爸，我把它拼好了。他一看，大吃一驚，果然是拼對了。這個孩子根本沒有地理概念，他就問孩子是怎麼完成的。

那孩子笑嘻嘻地把那個地圖翻過來給他看，說：「爸爸，我發現這面是一個人的頭像，我是按照這個人頭拼的。我想，這個人如果是正確的，那麼那個世界大概也就正確了。」這個哲學家恍然大悟，他馬上知道了第二天要演講的主題：一個人正確了，他的世界大概也就正確了。

「一個人正確了，他的世界大概也就正確了。」明白這個態度，就是生活裡面最高的智慧。這種智慧發乎心靈，止乎生命。

于丹《論語》感悟之三

學習之道

在今天這個時代，資訊紛紜複雜，很多無用、無效的資訊，充斥著我們的頭腦、耳目。我們靜心想一想，這些東西我們眞的需要嗎？人只有通過學習，才能知道哪些東西眞正有價值。但是，很多時候，我們雖然學習了，但未必有效率，學到的東西也未必都對我們有價值，未必都能深入到自己的生命中去。

我們該問問自己，我們要學些什麼？應該怎樣去學習？學到的東西又怎樣才能跟我們的生命融合起來呢？

我們提到過，《論語》裡面有很多智慧，那麼，智慧在人心裡是怎麼醞釀起來的？

一個很重要的方法就是後天的學習。每個人都有向學的心願，可各人的學習質量不同。什麼人能夠真正學出效率來？這裡面大有深意。

孔子不是一個空想主義者。他曾經說：「吾嘗終日不食，終夜不寢，以思，無益，不如學也。」（《論語・衛靈公》）也就是說，一個人要是每天連飯都不吃，連覺都不睡，天天在那兒冥想，一定要把世界想明白，那想破了腦袋也沒有多大用處，你還不如好好去學。

在這個世界上，有很多概念都是一字之別，人有雄心是好事，要有野心就不大好了；人有理想沒有錯，但僅僅停留在空想的話，那也就是一場夢而已。怎樣能夠達到一個可行的理想之境？

一個人需要不斷地進行學習，才能達到理想的可行之境。

在學習的時候，學問須化入內心，不然每天在真正的學問之外打轉轉，那也是不行的。所以孔子還說過：「群居終日，言不及義，好行小慧，難矣哉！」（《論語・衛靈公》）有時候一幫人在一起，群居終日，看著挺熱鬧，可能也能學點東西，但是你

覺得大家老說不到點子上，言不及義，然後這些人還「好行小慧」，就是要小聰明，賣弄小技巧。這些都不是一種大格局。孔子說，這些人就太難教導了。你要想讓他們的生命境界再提升，再開闊，能夠有很高的層次，那也真是難事。

我們經常說到一個詞，就是說某人有「局限」，比如說他工作方法有「局限」，思維方式有「局限」。何謂「局限」？局限局限，是因為格局太小，所以為其所限。

在這個世界上，每個人的人生都是不一樣的，甚至差別非常大。如果你想達到一個開闊的生命境界，那你首先要問問自己，我的生命格局到底有多大？

學過下圍棋的人就有一種感覺，一開始是老師一個棋子一個棋子粘在那裡，你一個棋子貼上去，最後你只能在一個小小的角落裡揀零頭。好老師就會教學生，先不要去學這樣的一目一目的計算方式，而是要在整個的棋盤上學會布局。局布大了，一塊失掉，別的地方還可以做活。

一個人的生命也是一樣，要看在多大的格局上展開。

一個人精通一門小技藝不是難事，但是他終其一生，可能得到的只是樹木，而不是森林，只是棋盤的一角，而不是全局。

難道人多，老在一起說、議，就一定有大智慧嗎？有時候，一個人如果不自省，總在那兒議論，可能議論的東西完全是無用資訊，是浪費精力。

大家知道，蘇格拉底是一個雄辯家，也是一個哲學家。有人去找他學演講的技巧。這人說：我的底子很好。從進門之後他就滔滔不絕。他說，你看我之所以有勇氣到你這兒來，就因為我天生有語言才能，我思維敏捷，我知道哪些事情，我的底子有多好等等。

蘇格拉底看看他，說：你得交雙份學費了。他說，為什麼啊？蘇格拉底說，我在教會你怎麼使用舌頭之前得先教你怎麼管住舌頭。

你以為一個人滔滔不絕就一定意味著有智慧嗎？孔子說：「道聽而塗說，德之棄也。」（《論語・陽貨》）一個人從道上剛聽見傳言，轉身在路上就開始跟別人說，蜚短流長，這個世界上的許多偽資訊就是這麼傳播開的。孔子說，這不是一種真正的道德所需要的作風。

有一個故事說得好：有一位哲人，素來沉默。有一天，他的一個朋友飛奔而來，

一個人的生命如同下棋，
要看在多大的格局上展開。
——于丹心語

滿臉神采飛揚，跟他說：我要告訴你一個特別重大的消息。

哲人攔住他說：你任何消息說出口之前要過三個篩子。第一，你確認這個消息是真實的嗎？那個朋友就打了個愣，說，我沒這麼想過，不一定。

這個哲人笑了笑，說：第二個篩子，你確認這個消息是善意的嗎？那個人想了想，又不是很肯定。

我們知道，這個世界上惡意消息的傳播往往比善意消息的傳播廣泛得多，負面的新聞大多比正面的新聞要傳播得快。

接著，這個哲人又問了第三個問題：你用第三個篩子過一下，這個消息真的是那麼重要嗎？這個人想了想，說，好像也不是太重要。

這個哲人說：三個篩子過完了，你這個消息就是不說出來，你自己也不會受它困擾了。

我們想一想，道聽塗說的事情，使你一時興奮，但是如果真過了這三個篩子，還一定非說不可嗎？生活中的資訊、知識非常龐雜，接受哪些，不接受哪些，學哪些，不學哪些，怎麼不先過過腦子呢？

孔子說：「德之不修，學之不講，聞義不能徙，不善不能改，是吾憂也。」（《論語・述而》）他說，如果一個人的道德沒有修養起來，對於學問又沒有真正去講求，那麼，他在這個世界上就沒有一個參照系，聽到正義的事情也不能自己去做，看見自己有不善的地方也不去改正。孔子說，這些都是我所擔心的事情啊。

進一步講，假如一個人的學問很多，可是學了東西以後，對他的生命卻沒有什麼意義，他仍沒有長進，那麼這東西能成為學問嗎？

在今天這個時代，世界上充滿了紛紜複雜的資訊。很多無用、無效的資訊，沒有經過任何篩子過濾的資訊，充斥著我們的頭腦、耳目。

我們靜心想一想，這些東西我們真的需要嗎？

那麼，什麼東西對我們是真正有價值的呢？這樣的東西何處才能學到？學到的東西又怎麼樣才能夠跟我們的生命融合起來呢？

今天我們提起孔子，都知道他在歷史上被稱為至聖先師，萬世師表。很多人都問過我這樣一個問題：孔子離我們今天的時代這麼遠，當時物質生活那麼貧瘠，孔子是怎樣形成他的思想體系的？他從哪兒學的？

衛公孫朝問於子貢曰：「仲尼焉學？」子貢曰：「文、武之道，未墜於地，在人。賢者識其大者，不賢者識其小者。莫不有文、武之道焉。夫子焉不學？而亦何常師之有？」
——《論語・子張》

這個問題，與孔子同時代的人就曾經問過。人們不好直接問孔子，就去問他的學生。「衛公孫朝問於子貢曰：『仲尼焉學？』」你老師在哪兒學的這麼多東西？子貢怎麼回答呢？「子貢曰：『文、武之道，未墜於地，在人。賢者識其大者，不賢者識其小者。莫不有文、武之道焉。夫子焉不學？而亦何常師之有？』」（《論語・子張》）

子貢的回答是什麼意思？就是說，文王武王之道，古聖先賢傳下來的道理，從治國經世的道理到修身齊家的學問，並沒有到今天就失傳了，淪喪了。在哪兒呢？都在人的身上，在人間的傳承裡。

也就是說，古往今來的學問不僅僅是刻在竹簡上，寫在紙上。不僅僅是形成文字的東西叫知識，人的行為、價值觀、習慣、禮俗，這一切都是知識的傳承，都體現在人的身上，只不過人們表現得不一樣罷了。

「賢者識其大者」，有生命大格局的人，賢達通透的人，他表現出來就是道理的大處；「不賢者識其小者」，格局小的人，悟性差點的人，表現出來的無非是那些道理的小處。大處可以學，小處也可以學，所以子貢說，我的老師怎麼會不隨時隨地都在學東西？

孔子的思想體系從何而來？很簡單，他是從人身上學到的。可是，他是簡單的學子曰：「三人行，必有我師焉。
擇其善者而從之，其不善者而改之。」
——《論語・述而》

嗎？他是綜合感悟，最後形成自己的體系。可見，這個世界上，其實是法無定法，師也未必有常師。

你需要向不同的人去學習東西。孔子說：「三人行，必有我師焉。擇其善者而從之，其不善者而改之。」（《論語・述而》）幾個人走在一起，必定有可以做我老師的人。怎麼跟他學呢？無非見到好的東西就跟他學，見到不好的東西就在心中警戒自己一下，以免犯同樣的錯誤。

向書本學，不如向人世學。如果有這樣一種學的悟性，處處皆可學。子貢問孔子：孔圉這個人為什麼得到「文」的謚號？孔子回答說：「敏而好學，不恥下問，是以謂之文也。」（《論語・公冶長》）孔子說，這個人聰敏勤勉而又好學，不以向比他地位卑下的人請教為恥，所以給他的謚號叫「文」。

一個人內心有智慧，敏感多思，而且願意好好去學，甚至樂意向比自己差的人去請教問題。這是一種難得的態度。

這種態度後來被孔子的學生曾子進一步表達過。曾子說：「以能問於不能，以多問於寡；有若無，實若虛，犯而不校，昔者吾友嘗從事於斯矣。」（《論語・泰伯》）什麼意思呢？曾子說，一個人他自己是有能力的，還向沒什麼能力的人請教；一

向書本學，不如向人世學。
——于丹心語

個人他自己是很有學問的，還向學問少的人去虛心求教；一個人生命中是有格局的，但是他看起來好像什麼都沒有；一個人自己本來已經是很充實的了，但是他看起來卻是虛懷若谷；一個人保持一種謙遜的、空靈的、虛靜的、安閒的狀態，就算有人冒犯他，他也不計較——從前我的一位朋友便是這樣的一個人。

我們想一想，一個人越是劍拔弩張，凌厲過人，是不是越容易受到冒犯？只有一個寧靜的人，才可以做到「犯而不校（較）」。這樣好學而又虛心、充實而又寧靜的狀態，是曾子羨慕的境界。歷代《論語》注者都說曾子所說的這個朋友是指顏回。顏回就是一直能夠這樣做的人。

在這兩段話裡，都牽扯到一個概念，就是「不恥下問」。其實，什麼是「下」呢？我們不去說知識、地位、階層，簡單的「高」與「下」就是年齡，比如說大人就一定有資格、有權力訓誡小孩子嗎？孩子的視點難道不能夠給我們提供另一個座標嗎？在今天，我們可以換一個邏輯起點，未必要叫「高下」，不過是換一個思維的角度，換一種思考的方式。

一九七五年，七十多位諾貝爾獎獲得者在巴黎舉行過一次盛大的聚會，有很多媒體來採訪。其中一個問到這些獲獎者的問題是：你們這些傑出的人物，到底是在哪一所大學、哪個實驗室學到人生中最重要的東西的?結果大家認為最有價值的答案是什麼呢?是幼稚園。

有一個科學家說,我是在幼稚園裡學到了很多東西,比如,要善於跟他人分享,要遵守制度和規則,飯前要洗手,對人要謙遜禮讓,如果自己不小心做了錯事要學會道歉。這些道理都是我在幼稚園學到的。

> 假如讓我們回到幼稚園,有很多道理就會很簡單,因為那不過是一種樸素的思維方式。
>
> 孩子的思想,有時候是直接而簡單的,但是它可能最貼近真理。

有一個測試很有意思。一個熱氣球上面有三個人,它在上升過程中故障了,必須捨棄一個人才能夠確保另外兩個人的生命安全。但是,這三個人都是世界頂尖的科學家:第一個人是環保學家,他能夠保障這個世界的生態平衡。第二個人是核專家,他能夠去抑止戰爭。第三個人是農學家,他可以保障我們的糧食供給。那麼,這樣三個人,你會捨棄誰呢?

按成人的邏輯，一直都在比較環保、和平和糧食哪個更重要。這時候一個孩子喊了一句：「把最胖的那個扔下去！」這個答案是最簡單的，但它是最合理的。

孩子有時候也會教給我們另外一種思考的方式。一個孩子跑回家，興高采烈地跟他爸爸說：你知道嗎？蘋果裡面藏著星星，你想要多少顆就有多少顆。他爸爸想，這又是童話，就支支吾吾說我知道了。孩子說，不，我一定要你看見。他就順手拿過一個蘋果，攔腰切了一刀。

蘋果的橫切面就是一顆星星的形狀。孩子又切了一片，於是出現第二顆星星。孩子橫著一片一片切下去，他爸爸瞠目結舌看見眼前蘋果裡跳出一顆又一顆的星星。孩子的發現是對的。對孩子來說，蘋果裡藏著星星，並不是一個童話，而是一個事實。我們成人呢？吃蘋果從來都是豎著把它剖開。我們不喜歡切橫斷面，所以從來不會想到蘋果裡藏著星星。

什麼是不恥下問？有時候，孩子可以是成人的老師。不恥下問不見得一定是說我們向比自己學歷淺、地位低的那些人去請教。很多時候，像孩子看世界一樣，轉換一種思維的方式，也許就會讓我們學到更多。

我們該怎麼樣去學習？學習這件事，不怕聯想，要舉一反三。孔子的教育方法就是這樣。孔子從來不是一個趕著在學生不耐煩的時候填鴨一樣去教育的老師，孔子的原則是：「不憤不啟，不悱不發，舉一隅不以三隅反，則不復也。」（《論語・述而》）

什麼叫「憤」？就是一個人他的心思用啊用啊，用到快要窮盡處，特別想要探索，想要發憤努力知道結果。老師說，沒到這個份兒上我就不去開導他。什麼叫「悱」？就是一個人心中若有所思，但嘴上就是說不出來，著急。老師說，不到這個份兒上我不去啟發他。

在這個世界上，只有被期待的資訊才是最能有效傳播的資訊，一定要等到人家有那個願望，傳播起來效果才最佳。「不憤不啟，不悱不發」，只有到這種時候，老師才跟你說了，啟發你。

但是，這時候還要看你是不是能夠做到舉一反三。如果「舉一隅不以三隅反」，「則不復也」。也就是說，跟你說了這一個叫牆角，不能看到這屋子還有另外三個牆角，那就不再教你了。我點到了，但你要是沒有這個領悟的能力，我就不給你多講了。當然，舉一反三，這種善於在事物之間建立聯繫的方法並不容易做到。不過，我們都應該努力去做，更好地去學習。

一個好老師，不見得要苦口婆心，喋喋不休，才有最好的教育效果。好老師，有

時候就是畫龍點睛，因為他讓學生自己去完成那個思考和徹悟的過程。

孔子還有一樣很厲害，就是他能夠做到因材施教，所以，同樣的問題在他這兒得到的答案可能會不一樣。「子路問：『聞斯行諸？』子曰：『有父兄在，如之何其聞斯行之？』冉有問：『聞斯行諸？』子曰：『聞斯行之。』公西華曰：『由也問聞斯行諸，子曰，「有父兄在」；求也問聞斯行諸，子曰，「聞斯行之」。赤也惑，敢問。』子曰：『求也退，故進之；由也兼人，故退之。』」（《論語・先進》）

什麼意思呢？子路來問老師：「聽到一件事，我馬上就要做嗎？」老師說：「有父兄在，你就敢貿然行動？」你還有家長呢，你不請教他們，你上來就做，好像不合適吧？

這時候，冉有來了，說：「聽到一件事，就要做嗎？」還是同樣的問題，老師卻斷然地說：「聽到了就要做。」

第三個學生公西華聽見了，說，這兩人問題一模一樣啊，為什麼跟一個人說他有父兄在不能這麼做，跟另外一個說你馬上就這麼做。我越聽越迷惑，老師，為什麼呢？

老師回答說，冉有這個人生性就是怯懦退縮，他做什麼事都猶豫不決，他老往後退著，所以要鼓勵他趕快去做，給他一種下決心前進的力量。子路這個人，從來就是勇猛過人，勇於做事，就要讓他謹慎一點，多思考，凡事掂量之後再去做，所以給他往後退的力量，約束一下他。

這就是孔子的教育。

在這個世界上，不同的人問同一個問題，可以獲得不同的答案，原因在於所針對的主體不同。

我們經常會遭遇一些終極追問，比如說人生終極價值是什麼？人為什麼要活著？什麼樣的人生叫做成功？怎麼樣的生活叫做美好生活？從某種意義上講，這些終極追問如果不和個人的生命相結合，就是偽問題，因為這個世界上一千個人就有一千種幸福或者痛苦，每個人的生命狀態都各有不同。

什麼是真正的學習？有一個秘訣，就是首先把自己的主體亮出來，根據自己主體的所需去學習。我們知道，醫生不會將同一種維生素開給所有的人，因為有的人缺少這種維生素，有的人缺少那種維生素，每一個人都是針對他自己所缺少的部分去進行有機的補充，才能達到生命體的平衡。同樣，一個人的心智思想，都需要有這樣的綜合平衡。

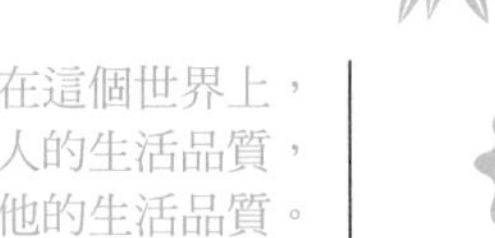

在這個世界上，
不一定是外在的一切來決定一個人的生活品質，
而是他內心的取向決定了他的生活品質。
——于丹心語

也許我們沒有孔子這樣的老師，但是這世界上哪裡就有常師呢？只要我們善於學習，老師就無處不在。不過，我們先要了解自己是個什麼樣的人。如果我們自己的心裡先有這樣的斟酌，就不難進行有針對性的學習和探索，我們的生命就會達到平衡。

每一個人，他的生命態度會決定他跟世界之間的關係。有一個故事說得好：一戶人家有兩個截然不同的孩子，一個天性樂觀，一個天性悲觀。父親很發愁，就決定用環境改變他們。他把那個特別樂觀的孩子關在馬廄裡，鎖上門；把這個特別悲觀的孩子放在屋子裡，買了許多新玩具把他團團圍住。

天黑了，爸爸先來看看悲觀的孩子高興了沒有。他進去一看，那孩子坐在玩具堆裡滿臉是淚，一樣玩具都沒打開。爸爸問他，你為什麼不玩兒呢？孩子說，這一下午我越想越傷心，任何一個玩具，只要玩了它就會壞的，所以我都不知道應該先打開哪一個。

爸爸去馬廄一看，那樂觀的孩子滿身馬糞，歡天喜地地還在馬糞堆裡刨著呢。爸爸問他，你找什麼呢？孩子說，爸爸啊，我一直覺得這馬糞堆裡會藏著一隻小馬駒，我都找了一下午了。

你想想，這就是兩種不同的態度。在這個世界上，不一定是外在的一切來決定一個人的生活品質，常常是他內心的取向決定了他的生活品質。

不同的學生，不同的個人，在學習的時候，都需要揚長避短。從某種意義上講，我們完成的就是長處與短處的匹配和制衡。就在這樣一個學習過程中，我們能夠學到太多深深淺淺的知識和感悟。可是，人這一生為什麼要學習呢？

孔子有一個說法：「誦《詩》三百，授之以政，不達；使於四方，不能專對；雖多，亦奚以為？」（《論語・子路》）

大家知道，《詩經》過去是拿來做教科書的，因為「《詩》，可以興，可以觀，可以群，可以怨。邇之事父，遠之事君。多識於鳥獸草木之名」（《論語・陽貨》）。人們能從《詩經》裡面學到很多東西，比如聯想能力、觀察能力、合群能力和勸諫能力都能得到提高，可以運用其中的道理近侍父母，遠侍君上，還能多多認識鳥獸草木的名稱。

孔子說，如果有一個人，他「誦《詩》三百」，把《詩經》讀得倒背如流、爛熟

於心，但你給他一個事情做，他卻磕磕絆絆完不成，讓他出去辦個外交談判的事情，也不能很順利地跟人家談判，那麼就算他把《詩經》讀得再多，都背會了，又有什麼用呢？

這段話表明了孔子的一個態度，就是要學以致用，做一個行動著的知識分子。也就是說，我們的世界一直在改變著，知識分子在這個世界上的使命是什麼？就是在這種改變中去承擔一些責任。

宋代張載說得好，他說：「為天地立心，為生民立命，為往聖繼絕學，為萬世開太平。」（黃宗羲等，《宋元學案・橫渠學案》）也就是說，你的心在天地之間要立得遼闊壯大，為百姓民生承擔一些使命，將古代聖賢的絕世之學發揮繼承下來，然後為「萬世開太平」，去鋪路，去做事。其實，這就是學以致用的態度。

也許有人要問，學到的這些東西真的都能用得上嗎？《詩經》裡的知識，都帶著那個時代的印痕，擱在今天怎麼能夠使用呢？

古代的許多知識，在一定條件下是可以在今天的生活中啟動的。與此類似，現在有很多學生可能學富五車，可能拿到很高的文憑，但是如果沒有生活經驗的話，有時候他的學問就不能真正被啟動。

在愛迪生的實驗室裡，曾經有一個人畢業於著名大學，數學很好，是愛迪生的得力助手。

愛迪生做實驗，忙不過來，順手拿了一個梨形的玻璃泡給這個助手，讓他趕快把這個梨形玻璃泡的容積計算出來。這個助手一時發蒙，可真是犯了大難了。他想，這個梨形的東西怎麼算容積？它下半段是圓的，上半段是長的，就是找不到一個公式來計算它的容積。

愛迪生正忙著做實驗，過了好長時間，看見助手還在那兒擺弄，拿著許多儀器在測量計算。愛迪生忍不住了，順手拿過來那個梨形玻璃泡，在裡面灌滿了水，然後把水倒在一個量杯裡，告訴助手，這就是它的容積。

什麼是學以致用呢？真正的學問往往是在最簡單的地方。愛迪生的這個故事就是例證。

在今天這個時代，要學以致用，不僅是要考察你的智商，還考察你的情商，看你怎麼樣能夠去變通。

有一個招聘故事說得很有意思。一個總經理要招聘助理，同時有三個應聘的人：一個人有非常高的學歷，是博士，另一個人有十年以上的工作經驗，還有一個人，顯

然不如前兩者，學歷不夠高，工作經驗也不夠多，是剛畢業不久的一個普通大學生。

總經理在自己的辦公室，對秘書說，叫他們都進來吧。秘書說，你讓他們坐哪兒?你的辦公桌前面都空著，沒一張椅子。總經理說，就這樣吧。

博士第一個進來了，總經理笑著跟他說：「請坐。」那博士特別尷尬，四處看看沒椅子，說，我就站著吧。總經理還說，請坐。博士說，我沒有地方坐啊。總經理看看他，笑了笑，問了他幾個問題，就讓他走了。

第二個人進來了，總經理又跟他說「請坐」，他就一臉的諂媚，很謙卑地說，不用，我都站慣了，咱們就這麼聊吧。總經理跟他聊了幾句後，讓他走了。

學生第三個進來了，總經理說「請坐」，他四下看看說，您能允許我上外面去搬一把椅子嗎?總經理說，可以啊。這個學生出去搬了把椅子進來，坐下後就跟總經理聊起來。

最後，這個學生被留了下來。

這個故事是什麼寓意呢?第一個人可能知識很多，但是他不能變通。第二個人經驗很多，但是他又受經驗的局限。第三個人介乎知識和經驗之間，他知道在當下怎麼樣做是最合適的。

這裡我們要說到，在學以致用的時候，沒有哪一個用法就一定是對的，這裡面要有變通。在孔子看來，變通是一個很高的層次。他說：「可與共學，未可與適道；可與適道，未可與立；可與立，未可與權。」（《論語・子罕》）

我們看看，這裡面講了不同的層次：第一個層次叫做「可與共學」，有些人你是可以跟他一起去學習的。這幾乎是個零門檻，很多人都想學習，那就一塊兒學吧。再往上一個層次就難了，「未可與適道」，不一定每個人都能夠找到那個道理。如果「可與適道」了，那再往上一個層次還是很難，「未可與立」，不見得都能立得起來，有所堅持，有所樹立。

大家覺得，要是能有所樹立，這個層次已經夠高了吧？孔子說，就算這個人學問能立起來了，道理上都想明白，能做成了，還要再上一個層次，就更難了，叫「未可與權」。權，秤錘，引申為權衡輕重，也就是權變。可以在一起有所樹立、有所成就的人，但未必都能做到通權達變。

當下一件什麼事情，不太容易做，怎麼辦？我們經常說到「權宜之計」，就是變通一下，換個方法做，或者換個思路做。一個人堅持容易，變通難。但是一定要先有堅持，如果沒有堅持，直接就變通，那是隨風倒，沒有原則。堅持原則之後還能通權

達變，這個層次就很難。這是一個很高的境界。怎麼樣才能夠學到這樣一個境界呢？

有一個故事說，兄弟倆帶著一船燒得極其精美的陶瓷罐子，去一個大城市的高檔市場上賣。一路顛簸辛苦，就在船快要靠岸的時候，遇上了大風暴。一場驚濤駭浪之後，兩個人筋疲力盡，命是保住了。船靠岸一看，幾百只瓷罐一個完整的都沒有了，全都碎了。

哥哥坐在船頭嚎啕大哭，說，這些罐子每一個都是精心燒製出來的，罐子上面的紋路、圖案都漂亮極了，我們所有的心血都白費了。到一個大城市，破罐子可怎麼賣？我們就是修修補補、粘粘貼貼，也賣不出去了啊。

在他大哭的時候，弟弟上岸了。弟弟到最近的集市上轉了一圈，發現這個大城市人們的審美藝術趣味都很高，不管是咖啡館、商場，還是家庭，都特別重視裝修。他拎著把斧子回來了，叮叮噹噹把破罐子砸得更碎。哥哥非常惱火，問，你幹什麼呢？弟弟笑著說，我們改賣馬賽克了。

兄弟倆把所有的碎片賣到裝修材料店。因為罐子本身設計特別精美，所以打成碎片以後特別有藝術感。大家一看碎片非常不規則，又這麼漂亮，都很喜歡。結果這些碎片作為裝修材料賣了一大筆錢。兄弟倆高高興興回家了。

這個故事說明了什麼呢？說明了權變的重要性。也就是說，當完整的陶罐不復存在的時候，就讓破碎碎到極致，換個方式去賣。這不是換一種思維方式嗎？

有時候，思路的轉換實在是一種智慧。這是在學問做到極致以後才能獲得的智慧，這就是一種權變。在這個世界上，沒有什麼是絕對的對或錯，對於一件事，一定要看時機，一定要看主體，一定要有前提。

孔子也不常常是一個教導者，他也有疑惑的時候。有一次，他不清楚公叔文子是什麼人，就跟別人詢問。「子問公叔文子於公明賈曰：『信乎，夫子不言，不笑，不取乎？』公明賈對曰：『以告者過也。夫子時然後言，人不厭其言；樂然後笑，人不厭其笑；義然後取，人不厭其取。』子曰：『其然，豈其然乎？』」（《論語・憲問》）

這段話什麼意思呢？孔子曾經請教別人：「聽說公叔文子這位老人家，從來都不說話，不笑，也不拿錢財，真是這樣嗎？」別人跟他說：「這是告訴你的那個人講錯了。他老人家到該說時才說，因此別人不厭惡他說話；快樂時才笑，因此別人不厭惡他笑；合於禮義的錢財他才取，因此別人不厭惡他取。」孔子說：「原來這樣啊，難道真是這樣嗎？」

你看，公叔文子這個人是非常有分寸的。他話是少，但是他一定要到該說的時候

善於轉換思路，是一種大智慧。
——于丹心語

他才說話，所以別人都不煩他說話。他笑得是少，但要真到了快活的時候，比如有人說了一個特別好玩的笑話，出現一個特別有意思的場景，或者一個大歡喜的場面，他也笑，所以沒人討厭他笑。他對錢財不是一概都拿，該他拿的他才拿，所以他拿了，也沒有人指責他。

這個世界上有絕對的正確嗎?真正的學習，學到的知識一定是帶著環境來的。有時候在一個環境裡面，你該這樣做，但在另一個環境裡，你該那樣做。就像公叔文子一樣，看具體情況，他才說話，才笑，才拿東西。

有一個哲人給學生上課，問過這麼一個問題：一個人非常髒，另外一個人很乾淨，請問這兩個人誰會洗澡。

一個學生回答說，那當然是髒的人洗澡。老師說，不對，因為髒的人他一直就很髒，他不覺得自己髒，而乾淨的人他到哪兒都要乾淨。

第二個學生就說，那當然是乾淨的人洗澡。老師又說，不對，你想啊，乾淨的人他已經不需要洗澡了，而髒的人需要洗澡。

學生們糊塗了，那到底誰會洗澡呢?

老師說，每個人都可以從不同的角度來思考這個問題，需不需要，願不願意，答案都是不相同的。

所以，很多事情其實就是需要通過在不同的角度上思考來解決；換一個角度看，結果也許就會大不一樣。這對我們的學習是一個啟發。

有一位修禪訪道的人去請示師傅，說，每一個人跟別人的關係到底怎麼樣才叫合適啊？他老師跟他說：「我講四句話，看你能不能懂。」

第一句話說，「把自己當別人」。學生想了想說，我明白，一個人有大歡喜的時候看淡一點，覺得這也無非是別人的一件事；有大悲傷的時候看輕一點，覺得這事別人也會趕上，「把自己當別人」，那喜憂都能很快過去。

老師又說了第二句話，「把別人當自己」。學生想了想說，這意思大概是說將心比心，推己及人，換位思考。

老師說：「你很不錯了。」他又說了第三句話，「把別人當別人」。學生說，這個話是不是說，每一個人都是獨立的，每一個人都需要被尊重，所以一定要本著別人的立場出發？老師說：「你說到這些，說明你的悟性很好，很不錯了。」

接著，老師又說出第四句話，叫做「把自己當自己」。學生說，這句話太深了，我還需要好好地去悟。

我們想一想，如果你悟不透的話，以為這不過就是文字遊戲，這裡面「自己」、「別人」換來換去，先說把自己當別人，再說把自己當自己，再說把別人當別人，再說把別人當自己，這樣反反覆覆，有價值嗎？

其實，這些變換的價值就在於你每一次都換了一個不同的角度進行思考。一個礦泉水的瓶子，有人說它是長的，這是對的，因為你從縱向看；有人說它是圓的，也是對的，因為你從瓶底看。

當你轉換不同角度的時候，學習的境界就通達了，觀察世界的維度就廣闊了。

孔子還提出一個特別有價值的觀點，就是世界上一些好的品德也需要通過學習來進行提升，而且要進行制衡。

> 我們想想，仁愛好吧？智慧好吧？信義好吧？正直好吧？勇敢好吧？剛強好吧？
>
> 這六種道德都很好，那麼擁有這六種品德的人，他還需要學習嗎？

《論語》中說：「子曰：『由也，女聞六言六蔽矣乎？』對曰：『未也。』『居！

> 子曰：「由也，女聞六言六蔽矣乎？」對曰：「未也。」
> 「居！吾語女。好仁不好學，其蔽也愚；好知不好學，其蔽也蕩；
> 好信不好學，其蔽也賊；好直不好學，其蔽也絞；
> 好勇不好學，其蔽也亂；好剛不好學，其蔽也狂。」
> ——《論語・陽貨》

吾語女。好仁不好學，其蔽也愚；好知不好學，其蔽也蕩；好信不好學，其蔽也賊；好直不好學，其蔽也絞；好勇不好學，其蔽也亂；好剛不好學，其蔽也狂。』」（《論語・陽貨》）

孔子曾經問子路：「仲由！你聽說過有六種品德便會有六種弊病嗎？」子路說，沒有。孔子說：「那你坐下來，聽我慢慢跟你說。」

孔子就說，一個特別仁愛的人，他如果不學習，不思考，會有一種弊端，就是愚笨，也就是容易受人愚弄。比如說，總做以德報怨的事情，就會被人愚弄。你能說這個人不仁愛嗎？但是他沒分寸。

孔子說，一個人聰明，但是他要老不學習的話，最後的弊端就是這個人會活得太飄忽不定，沒有根基。

孔子說，信譽好吧？篤誠守信，像尾生抱柱那樣，水來了都不走，這人就未免會愚呆。如果再不好學的話，就會容易被人利用而使自己受到傷害。我們知道，過於誠信而不知權變的人有時候就是容易被人陷害。

孔子又說，我們都喜歡正直的人，但是正直的人有時候說話不好聽，說出的話尖刻得直刺人心，讓人非常不舒服。就像魯迅先生寫的，給一個孩子做滿月，有人來說

這個孩子長大能當官啊，有人說這個孩子長大能掙錢，有人說這個孩子肯定會死的。最後這個人說的是真話啊，你能說他不正直嗎？但是這個話不好聽。

孔子又說，好勇而不好學者，弊端是什麼呢？就是你容易被人利用去作亂。他遇事不經過腦子，不問就裡，就直接採取行動了，一個一個的亂子就起於這種有勇無謀者。

最後，孔子說，一個人剛強，剛強不好嗎？「好剛而不好學」，這個人就會極端狂妄。因為他剛愎自用，那就難免有狂妄自大的地方。

在這個世界上，很多東西過猶不及。人生不是說找到了一塊好的基石，就會一成不變地好下去。

我們所有的美好品德，比如孔子所說的這六種美好品德，它為什麼會帶來六弊？這是因為，在實際的生活環境中，我們要經受社會的挑戰、考驗，非常複雜，如果不善於去調適，去變通，就很容易產生弱點而造成弊端。

因此，我們需要通過不斷的學習去了解自己，跟世界建立有效的聯繫；即使是「仁」、「智」、「信」、「直」、「勇」、「剛」這樣的美好品德，都得在學習中完成定位和制衡。

今天的社會已是一個終身學習的社會了，但是，我們學沒學到真東西呢？很多時候，雖然學習了，但未必有效率，學到的東西也未必能深入到自己的生命中。

我們應該怎麼樣建立自己的價值體系？

讓我們回到剛開始的那個命題，一個人的生命格局究竟有多大？有一個弟子問師傅，你看我們每個人，身高也差不太多，活的年頭長短也差不出多少，為什麼有些人心大，有些人心小？心大到能多大，小到能多小？

師傅跟他說，你現在閉上眼睛，用你的心造一座城池。

弟子就閉上眼睛，在那兒冥思苦想，想了一座巨大的城池，有萬仞宮牆，有深深的護城河，有花草樹木，有樓臺亭閣，整個城池裡面，各類東西纖毫畢現，一切都安頓好了。他張開眼睛說，我造了一座巨大的城池。

師傅又說，你現在閉上眼睛，用你的心造一根毫毛。

他又閉上眼睛，想啊想啊，想了一根細細的小毫毛。他睜開眼睛說，我造好了。

這個時候，他的師傅問他，你剛才跟我說造了那麼大一座城池，有那麼多東西，這座城池是用你自己的心造的嗎？弟子說，是啊。

師傅又接著問，你剛才跟我說又造了那麼細的一根毫毛，在造這根毫毛的時候，你用的是全部的心嗎？弟子恍然大悟，他說，是啊，我造一根毫毛也想不了別的事了。

這就是人心。我們都是要在自己的生命裡去完成自己的人生格局。有些人終其一生，造的城池很大，那裡面的亭臺樓閣、花草樹木無邊無際，你可以有這樣的計畫，有那樣的夢想，你可以去安置自己的人生，經營一生的事業，調適自己跟朋友、社會的所有關係。

也有的人，心思就絆在一根毫毛上，可能是一級工資，一個職稱，夫妻間的一次口角，朋友間的一場誤會——這都是一根毫毛，你有可能就被絆住過不去，因為那也是你全部的心所用力的地方。

我們會看到，同樣一件事，在不同的人手裡，他的思維方式不同，最後的結局一定是不同的。

一九五四年，美國有一個普普通通的推銷員叫克羅克，他推銷的是奶昔機。他發現，有一家速食店居然一下子訂了八臺奶昔機。他一般都是一家一家、一臺一臺地去推銷，所以他認定這是個大主顧，就一定要上門去考察一下。

到了這家速食店，他發現，他們經營的產品、管理的方式，都非常有意思。他了解到，這家店年盈利額很大，穩穩當當超過二十五萬美金。他跟這家店的店主商量，說你能不能辦成連鎖加盟店，把這家店的品牌商標推廣出去，我來幫你做這個事。

店主同意克羅克成為該店在全美唯一的特許經營代理商。這個時候，克羅克早已把他的奶昔機扔到九霄雲外了。克羅克於是在一九五五年開設了該店第一個真正意義上的特許經營店。此後，他創建了一套極其嚴格的特許經營制度，使該店的加盟店不斷擴大，到一九六〇年，居然達到了二百二十八家。

但是，克羅克知道，他還不是這家店的主人，無法真正做大這項事業。一九六一年，克羅克又想買下這家店。他想盡了所有的辦法，籌到二百七十萬美元。這在當時是一筆巨款，他盤下了這家店。

克羅克就這樣大展拳腳。他在美國，然後在世界，從一九五五年開始，把這家店一間一間地開下去，締造了一個飲食帝國。他只是沿用了原來老闆的姓氏，原來姓麥克唐納，這家店的標誌就是這個姓氏的第一個字母：M，麥當勞。

學習永遠不是一件僵死的事情。
——于丹心語

麥當勞為什麼能有今天的規模和地位？就因為克羅克不是站在自己只賣奶昔機的角度去經營，而是轉換了一種經營思路。這種思考，就是一座無邊的城池。

學習永遠不是一件僵死的事情。既然沒有常師，既然無處不學，既然死記硬背這種呆板的學習方式已經被拋棄了，那麼，我們就要對學習進行一番認真的思索，從而開始真正的學習。

在今天，如果我們每一個普通人都用自己的心去完成一種啟動，開始真正融會貫通的學習，都站在通權達變的大智慧上，我相信，古往今來所有的知識都會活在我們的經驗體系裡，所有聖賢的智慧都可以成為照亮我們自己生命道路的火把。

于丹《論語》感悟之四

誠信之道

孔子說：「人而無信，不知其可也。」可見誠信在一個人的生活中所占的分量。

不過，古往今來，不知有多少人不講誠信，卻都似乎活得很自在。

難道，誠信竟然是一種不切實際的理念嗎？今天，我們還需不需要誠信？

> 子曰：「人而無信，不知其可也。
> 大車無輗，小車無軏，其何以行之哉？」
> ——《論語·爲政》

誠信是中國儒家思想中最核心的理念之一。在整部《論語》中，我們可以看到很多關於誠信的論述。

作為做人的前提、人生的基礎，《論語》提出了「信」的原則。孔子曾經說過：「人而無信，不知其可也。大車無輗，小車無軏，其何以行之哉？」（《論語·為政》）一個人要是沒有信譽的話，那真不知道他在這個世界上怎麼度過一生？這就好像大車沒有輗、小車沒有軏一樣，它靠什麼走起來呢？

大車、小車，分別指牛車和馬車。大車、小車車轅前面都有駕牲口用的橫木，這橫木要怎麼鉚住呢？就是用木銷包了鐵以後插在小孔裡，才能把橫木固定住。輗和軏，就是牛車和馬車上的木銷。如果車上沒有這樣的木銷，就無法套住牛馬，它又怎麼能行走呢？

孔子說，一個人如果沒有信譽，就好像這個車子有了橫木也是虛架上的，沒有關鍵的木銷，不就無法行走了嗎？對一個人來講，信譽是什麼呢？是你行走於世界最基礎的那個保障。

也就是說，只有靠信譽，才能把人生這輛車驅動起來。只有信譽，才能夠讓你不管穿越什麼樣的風險、坎坷，都顛撲不破，而在坦途上一路前行的時候，也能夠保障信譽是什麼呢？
是你行走於世界最基礎的那個保障。
——于丹心語

你的速度。就是因為有信譽，才讓你始終是一個完整的人，可以立得起來。要是沒有信譽，就缺少了安身立命最根本的條件。

孔子關於「信」的闡述都很簡單，但這是他核心的教育理念之一。「子以四教：文，行，忠，信。」（《論語・述而》）孔子用四種內容教育學生：歷代文獻，社會生活的實踐，對待別人的忠心，與人交際的信實。文，行，忠，信，這些東西就是孔子教導學生的基本內容。「忠」和「信」，占了很大的比重。

孔子有這樣一句話，他說：「人之生也直，罔之生也幸而免。」（《論語・雍也》）一個人要想坦坦蕩蕩走過一生，憑的是他為人的正直。正直的人就能安身立命，這個人的一生理所應當走得遠。但是，那些不正直的、不守信用的人，那些翻手為雲、覆手為雨的人，他們不是也活下來了嗎？這是怎麼回事呢？孔子說，這叫「幸而免」，他們是僥倖逃脫了很多本應該發生的責罰才磕磕絆絆地活下來的，他們遲早要摔跟頭。

人要憑著正直去生活，如果是靠投機取巧、不守信譽去生活，那只是僥倖躲過了災禍。

在今天的社會中，
信譽對每一個人來講是一張無形的通行證。
——于丹心語

在那麼久遠的年代，中國儒家提出的誠信的道德理念，放到今天，它還有價值嗎？

在今天的這個社會中，信譽對每一個人來講是一張無形的通行證。也許信譽並不直接寫在你的檔案裡，但是，信譽是一個人的口碑，一個人做事如何，為人如何，這都會反映在口碑中，所以每一個人都可以在心中掂出信譽的分量。

江西德興市有一個小村子叫宗儒村，村裡有一個普通的農民叫王雲林。二〇〇七年四月，村裡發生了一場山火，他幫助別人去救火，不幸犧牲了。他走後，留下一筆糊塗帳。這債務怎麼辦呢？他的遺孀叫陳美麗，三十一歲，一個普通的農婦。陳美麗上有年邁的婆婆，下面帶著兩個女兒，一個七歲，一個才幾個月大。丈夫走了，整個家庭的重擔都壓在她的肩上。陳美麗從悲痛中撐過來以後做了一件事，就是在村子裡面貼了一張還債告示。

她說，雲林生前在村子裡口碑很好，他為欠債的事情一直心不能安，我不希望他走得不踏實，所以我要把這個債還上。但是，他欠了誰的債，我都不知道。如果他真

的欠了你的債，你就來找我要吧。

還債告示貼出去以後，很多人來找陳美麗討債。整個債款，前前後後加起來金額超過五萬，而其中將近四萬沒有任何憑據。陳美麗全都認了下來，她就替丈夫一點一點還著這些良心債。

這個故事引起很大的轟動。我當時擔任「感動中國」節目的評委，給陳美麗寫評語，我說了一句話，叫做「債務有憑，良知無價」。我不知道來找她的這些人中，到底有多少人是真正的債權人。陳美麗的還債告示就像一面鏡子，它照亮了我們的內心，讓我們看到自己的內心是高尚，還是卑微，是貪欲，還是無欲。

我看到這個故事很感動。一個像追著別人討債一樣去追著還債、而生活在如此境遇中的農婦，什麼力量讓她這麼做？按說她丈夫為了救火而犧牲，就算他欠債，他的這條命已經把他的債務還上了，但是她一定要去還債，因為她不願意讓自己良知不安。她這樣做，就是為了一個字：「信」。這個「信」字不僅僅就是對別人的，也是對自己內心的。

我想，社會在不斷地更迭著制度，變化著環境，但是人性中一定有一些以不變應萬變的核心價值傳承下來，這才是我們心裡真正的火種。我們看到，誠信不僅僅是傳統經典中的一項基本道德原則，它也成為了普遍的民間信仰。

大家也許都熟悉關羽歸漢的故事吧。建安五年（西元二〇〇年），曹操攻破徐州，劉備、張飛敗逃，關羽被俘。曹操對關羽惺惺相惜，一直希望這樣一個忠勇之人可以來輔佐自己，但是他也看出關羽不會久留，所以他一方面誠意相待，另一方面派自己的大將張遼去探聽關羽的口風。

關羽跟張遼說，我知道曹公待我恩重如山，但是我已經跟劉備有兄弟之約，生死結盟，我對他的忠心絕不會改變。我一定不會留在這裡，但是我會報答了曹公之後才走。過了幾個月，機會終於來了，關羽斬殺了袁紹軍中大將顏良。這時候曹操知道，關羽已經報恩了，非走不可了。於是曹操對關羽厚加賞賜，而關羽呢，把所有的賞賜都封存起來，並不帶走，留書告辭，去找劉備了。關羽走的時候，曹操的部將要去追，曹操把他們都攔住了，說：「各為其主罷了，不要追了。」

為什麼舞臺上的關公永遠是紅臉的忠勇形象？就是因為他篤誠守信。從正史到小說，都記載或流傳著關羽心戀故主的忠勇故事。現在看三國戲，大家覺得很熱鬧，但在那些政治紛爭之外流傳最久遠、最深入人心的還是道德價值。

比關羽歸漢這個故事再早幾年，東漢獻帝興平二年（西元一九五年），孫策起兵

真正的誠信，
是每一個人都可以做到的。
——于丹心語

去攻打揚州刺史劉繇的根據地曲阿。劉繇這邊剛好有一個老鄉太史慈來投奔。太史慈驍勇善戰，有人勸劉繇重用太史慈為大將軍，劉繇不幹，只是派他偵察敵情。太史慈只帶著一個騎士，結果和孫策在神亭這個地方不期而遇，孫策卻帶了十三個騎兵，其中有韓當、宋謙、黃蓋等厲害的角色。太史慈一點不畏懼，拍馬就衝上去跟孫策交手。兩人打得難解難分，孫策一槍刺中太史慈的戰馬，奪得太史慈背上的短戟，太史慈也奪得孫策的頭盔。正當他們生死拚搏之時，雙方的救援部隊同時趕到，兩人都被救回。

接下來，孫策大軍步步深入，終於生擒太史慈。抓住太史慈之後，孫策親自上前給太史慈鬆綁，握著他的手問：「還記得神亭的事嗎？如果那時我被你抓住，會怎麼樣？」太史慈說：「那可不好說。」孫策很欣賞太史慈的耿直，朗聲大笑，說：「好，現在就讓我們一起共事吧。」孫策迅速給太史慈任命了官職。

後來，劉繇在豫章郡去世，他的部將士卒還有一萬多人，尚未歸附，孫策就派太史慈前去招撫。孫策身邊的人都說：「太史慈這一去，一定不會再回來。」孫策卻很放心，說：「子義（太史慈的字）拋棄我，那麼他還會去投靠誰呢？」孫策在昌門設宴為太史慈餞行，問他：「你什麼時候能回來？」太史慈回答：「不會超過六十天子曰：「聖人，吾不得而見之矣；得見君子者，斯可矣。」
子曰：「善人，吾不得而見之矣；得見有恆者，斯可矣。亡而為有，虛而為盈，約而為泰，難乎有恆矣。」

——《論語・述而》

吧。」

果然，兩個月到了，太史慈如期歸來，順利完成孫策交代的任務。

太史慈的信，關羽的忠，已經深深嵌入我們這個民族的記憶之中，反映了人們對誠信的呼喚。

我們看到，在中國人的觀念中，誠信是品評人物最基本的出發點。誠信是一塊試金石，驗證著人品的高下。真正的誠信，是每一個人都可以做到的。一個人有誠信，則不僅立於社會，也能安頓自我。

孔子看到當時禮崩樂壞的世象，所以他有這樣的感歎：「聖人，吾不得而見之矣；得見君子者，斯可矣。」「善人，吾不得而見之矣；得見有恆者，斯可矣。」（《論語・述而》）什麼意思呢？就是說，這個世界上，要說我能見到多少聖人，那我見不著；我能見著君子就可以了。要說我能見到多少善人，我也沒見到；我能見到恆定如常保持好品德的人，就很不錯了。

怎麼樣才能做一個君子呢？孔子對「君子」有過這樣一個界定，叫做：「先行其言而後從之。」（《論語・為政》）也就是說，你要做什麼事，先把這個實事認真做了，讓言論跟在後面出來，而不要先說後做，這就是君子了。所以孔子說，我只要能

一個人接受自己的現實，真誠面對自己，
這是信譽的起點。
——于丹心語

遇到這樣的君子，能遇到恆定如常、享有信譽的人，就已經不錯了。

這種恆常之心，其實應當是一個人立於當世的基本依託。孔子說，怕就怕有些人生活在很多的假象裡，他在迷惑世人的時候，其實也迷惑了自己的心。孔子說：「亡而為有，虛而為盈，約而為泰，難乎有恆矣。」（《論語・述而》）意思是說，本來自個兒什麼都沒有，卻要裝作有；本來是空虛的，卻偏偏要裝出飽滿富足的樣子；本來很困頓，卻裝作很奢華，這樣的人是難於保持始終如一的，也就不會有好品德了。

在自己的生命中保持恆常之心，需要坦率的勇氣。也就是說，一個人接受自己的現實，真誠面對自己，這是信譽的起點。我們今天說，誠信誠信，誠是信的前提，一個人如果對自己的生命都不忠誠，沒有了一份真切的誠意，那麼他又怎麼可能對他人守信呢？

在這裡，孔子提出了一個比誠信還要簡單的標準，就是能夠有恆，保持平常心。如果一個人總是生活在自己的幻夢之中，總是幻想要去完成一個不切實際的理想，那麼他會始終做不到腳踏實地，很難進步。

一個人能夠讓自己有一個恆常之心，不輕易改變，這是對於自己的誠意。做到了這一點，才能保障對別人的信義。如果這點都做不到，那麼你就會常常陷於迷惑之中，就會缺乏一種真實的自我估價。

有一篇寓言故事說得有意思。有一隻山羊，牠早上起來想出去吃點東西。牠本來想去菜園裡吃點白菜，這時早晨初升的太陽把牠的影子投射得很長，山羊一看，天啊，我原來如此高大，我還吃什麼白菜啊？我改去山上吃樹葉得了。

牠轉身往山上跑，等跑到山上的大樹旁邊，到了中午，太陽照在頭頂上，這時山羊的影子就特別小。山羊一看，我原來就這麼渺小啊？我還是回去吃白菜吧。

等牠跑到菜園的時候，已經傍晚了。這時候夕陽西下，牠的影子又拉長了。山羊一看說，好像我還真能吃樹葉。牠就再往大樹那兒跑。

一天的時光，這隻山羊就在太陽投影的迷惑下，一口東西沒吃著。

這不就像我們的人生嗎？有時候一種外在的投射，一種虛幻的假象，在某一個瞬間讓你覺得比真實的自己要高大很多，又在某一個瞬間讓你覺得比真實的自己要渺小不少。

一個人的心怎麼樣能夠保持著恆常的判斷呢？這需要我們既不要妄自尊大，也不要妄自菲薄，保持一顆平常心。

有一次，孔子的學生子張問孔子怎樣提高道德修養水平和辨別是非迷惑的能力。

孔子的答案是這樣的：「主忠信，徙義，崇德也。愛之欲其生，惡之欲其死。既欲其生，又欲其死，是惑也。」（《論語・顏淵》）

老師說，你不是想提高道德嗎？我就告訴你兩條原則，第一叫「主忠信」，要以忠誠、信用作為你內心的依據，能夠立住這一點，就不錯了。第二點叫「徙義」，就是你可以有改變，但是必須要合乎道義。內心主於忠信，合乎道義去改變，做到這些，那不就提升品德了嗎？一個人品德提升之後，才能夠辨惑，不至於像山羊那樣會因外界的變化而無所適從。

孔子又說：「愛之欲其生，惡之欲其死。既欲其生，又欲其死，是惑也。」這個情況我們現在都有吧？喜歡一個人的時候，就覺得他好得不得了，希望他長長久久，千年萬世，一直這樣活著才好呢。這就叫「愛之欲其生」。突然之間，又恨上這個人了，就恨不得他馬上消失，希望他短命。這就叫「惡之欲其死」。孔子說，你既要他活，又要他死，這難道不是迷惑嗎？

孔子的意思就是說，人們應該按照「忠信」、「仁義」的原則去辦事，就會活得很明白，而如果感情用事的話，就會陷於無窮的迷惑之中。

一個人如果不能保持恆常之心，失去自己內心的判斷標準，就會出現很多的迷惑。我們現在總說世象紛紜，希望哪個神靈借我一雙慧眼，讓我好看清複雜的世象。真正的慧眼何在呢？它不僅關乎智慧，還關乎一個人的自我判斷和內心恆常的力量。要想對世界守信，對他人守信，先要看看能否對自己的生命忠誠守信。這是你辨惑的前提。所以孔子把崇德、辨惑連在一起分析，在他看來，提高道德是分辨迷惑的一種方式。

我們看到，孔子對於忠信的論述很多。他說：「君子不重，則不威；學則不固。主忠信，無友不如己者，過則勿憚改。」（《論語・學而》）我們看，孔子提到忠信，不是孤立地提一個標準，而是把很多標準放在一起，包括了儀態的莊重威嚴、熱愛學習、忠誠守信、慎重交友、過而能改等各方面。

孔子說，一個真君子，如果他的內心不厚重，不莊重，那麼他就沒有威嚴。我們經常聽到有人說，這個人怎麼顯得那麼沒有分量，那麼輕薄，見風就倒，聽到點什麼風聲就容易改變判斷，其實那是因為他內心本身就不厚重啊。

但是，內心的厚重是怎麼來的呢？這不是先天得來的，而是要靠不斷的學習。一個人如果不斷地提升修養，不斷地去學習思考，他就不會淺陋，就不會固守在他的局限上。

怎樣做到君子，還有兩條很重要的原則。「主忠信」，就是他內心要有一種立命之本，以忠、信這兩種道德為主。「無友不如己者」，這句話有兩種解釋。一種解釋是說，不結交不如自己的朋友。也就是說，如果你結交的人在道德上、在能力上都比你強，你就會有壓力，你要見賢思齊，這樣你就會得到提升。另外一種解釋，就是不跟不同道的人交往。道不同不相為謀，只跟同道中人來往，以便保持人生方向的單純性。不論哪一種解釋，都是說交友要慎重。

一個人如果按照以上原則做了以後，這個人會不會就不犯錯了？不是的，沒有誰會永遠不犯錯。不過，犯錯也沒關係，一旦錯了，不要固執己見，要趕快改正過來，這還是君子。

以上這些就是孔子對於君子道德的描述。這裡提出的「主忠信」，它不是孤立的，一定是跟其他的原則相輔相成的。

經常有些朋友問我，《論語》裡面我記住哪一句話就夠了？或者是問，對我現在的生活哪一句話能有直接的引導？我覺得，經典的東西需要融會貫通，它不會只靠某一句話或者一個理念，就讓一個人安身立命。雖然孔子也說「恕」這一個字可以終身行之，但是我們想想，在這種寬恕的背後，那需要多少信念來支撐啊？需要多少融會貫通才能達到？孔子提出來的東西都是微言大義，說出來看似簡單，但是都有廣博的文化積澱，都有一些內在的理念在支撐。

關於信，還有很多表現在孔子學生的言論裡。「有子曰：『信近於義，言可復也；恭近於禮，遠恥辱也；因不失其親，亦可宗也。』」（《論語‧學而》）有子是孔子的弟子，他說了三句話，什麼意思呢？

我們每天都生活在語言環境裡，人際交往都離不開說話，我們都在承諾，但是你說出來的話就一定能夠兌現嗎？你答應別人的事，就一定能做得到嗎？你說的話能不能兌現，那要看你的諾言離道義有多遠。如果你的諾言符合道義，兌現的可能性就會高一點，這就是「信近於義，言可復也」。

「恭近於禮，遠恥辱也」，一個人如果能夠恭謹有禮，對別人必恭必敬但又符合禮義，那麼他就遠離恥辱了。「因不失其親，亦可宗也」，意思是說，如果他有明辨是非的能力，所依靠的都是可親可信之人，那麼為人行事也就很可靠了。

我們看，這裡又是一組關係。在這裡，「信」也沒有被單獨拿出來作為一個核心，而是說講信用一定要符合道義。社會中不斷出現種種挑戰，一個人光有單一的內心道德還是不夠的，一定要有一個完善的道德體系。

我們知道，關於歷史，有一個詞語叫做「信史」，就是其記載真實可靠的歷史。這個詞內涵很重，因為歷史上有很多史官，要用他們的生命來維護歷史的真實，讓歷史的真相得以流傳下來。這是中國歷史上可貴的傳統。

曾經有這麼一個故事，北魏的司徒崔浩和中書侍郎高允兩個人奉命撰寫北魏的國史，叫做《國書》。《國書》寫好以後，就被鐫刻在首都平城南郊十字路口的石碑上。崔浩和高允兩人依據實錄作史的精神，對北魏早期的歷史多秉筆直書，有些史實在後人看來是很不堪的。很多鮮卑貴族看了國史之後，非常不滿，就跟北魏太武帝拓跋燾進讒言，說史官真不好，為什麼把這些事都寫出來了？

拓跋燾盛怒之下就下令逮捕了司徒崔浩，接下來就要逮捕中書侍郎高允。偏偏太武帝的兒子，就是當時的太子拓跋晃，曾經跟高允念過書，他知道這件事情以後，想保護自己的老師，就把高允請到東宮住了一夜。第二天早上，拓跋晃和高允一起進宮朝見。

二人來到宮門前，太子對高允說：「我們進去見皇上，我自會引導你怎麼做。一旦皇上問什麼話，你只管按照我的話去說。」高允問：「殿下，這是為什麼啊？」太子只是說：「我們進去就知道了。」

先是太子進去跟他父親說：「高允做事一向小心謹慎，而且地位卑賤，《國書》中的一切都是崔浩寫的，與高允無關，我請求您赦免高允的死罪。」拓跋燾就召見高允，問：「《國書》果真都是崔浩一個人寫的嗎？」這個時候，高允明白發生了什麼事，但他是這樣回答的：「太祖紀由前著作郎鄧淵撰寫，先帝紀和今紀是我和崔浩兩人共同撰寫的。不過，崔浩兼職很多，他只不過領銜總裁而已，至於具體的著述工作，我寫得要比崔浩多得多。」

拓跋燾一聽，大怒，說：「敢情你寫的比崔浩還多，你的罪行比崔浩還大，怎麼可能讓你活！」太子慌了，非常害怕，趕緊對他的父親說：「您的盛怒把高允嚇壞了，他只是一介小臣，現在說話都語無倫次了。我以前問過他這件事，都說是崔浩一人寫的，真的與他無關。」

拓跋燾又問高允：「真的像太子說的那樣嗎？」高允不慌不忙，回答說：「我的罪過確實非常大，應該滅族，但我不敢說虛妄的話來騙您。太子因為我長期給他講書而哀憐我，想要救我一條命。其實，他沒有問過我，我也沒有對他說過這些話。我不敢瞎說。」

拓跋燾回過頭去對太子說：「這就是正直啊！這在人情上很難做到，而高允卻能

誠信是一塊試金石，驗證著人品的高下。
——于丹心語

做得到！馬上就要死了，卻不改變他說的話，這就是誠實啊。作為臣子，不欺騙皇帝，這就是忠貞啊。應該赦免他的罪過，要褒揚他。」於是，皇帝赦免了高允。

高允臨死不說假話，這在北魏歷史上是一個很著名的故事。

高允的勇氣從何而來？它來自於一種內心的忠誠。誠信，有時候是需要大勇敢的。它需要自己內心對於一種價值的堅持，這種價值延伸出來，就已經不僅僅是自己的事情，而是關係到更多人的利益。

二〇〇七年「感動中國」的人物裡面還有這樣一個人，「良心醫生」陳曉蘭。她是上海市虹口區廣中醫院理療科的大夫。她看到，這十年間醫院進的醫療器材有相當多的是假冒偽劣產品，有害於患者。陳曉蘭堅持揭發這事。十年中，經她揭發的假冒偽劣醫療器械多達二十多種，其中有八種已經由國家下文予以廢止。

但是，這十年中，這名醫生付出了什麼代價呢？因為觸犯了醫院的利益，醫院強行把她調離原來的崗位，後來又強迫她提前退休。丟了工作之後，她深入到醫療器械交易的直接環節，更堅定地去揭露更多的黑幕，所以她被很多同行指責為「叛徒」。

對我們來說，陳曉蘭的勇敢其實比北魏史官高允的勇敢還要有價值。這不僅僅關係到她個人的誠信，更關係到一個社會的核心價值。也就是說，她的良知成為整個社會風尚的一副淨化劑。就是這樣一個弱女子，成了廣大患者的一道保護屏障。

陳美麗和陳曉蘭，不過是兩個普普通通的弱女子，但是你能說她們內心的力量就單薄嗎？這種力量堅強而龐大，我相信它會有非常大的反響。這樣的力量推展起來，從一個人到整個社會，對一個國家影響巨大。這就是誠信的力量。

對於一個國家而言，需不需要誠信？對此，《論語》中就有過很多闡述。孔子曾經說：「道千乘之國，敬事而信，節用而愛人，使民以時。」（《論語・學而》）他說，治理有千乘馬車這樣的一個中等偏大的國家，該怎麼做呢？無非就是幾件事，第一就是「敬事而信」。治理者一定要嚴肅認真地對待政務，信實無欺，這是一個出發點。接下去，「節用而愛人」。也就是說，要能夠節約財政開支，關愛百姓。讓百姓做事時，要怎麼做呢？「使民以時」，按照四時節序，應該怎麼用就怎麼用，調劑好忙閒，而不要違背這個天時，不要在農忙的時候讓老百姓服很多的勞役。

孔子提出的治國之道，基本出發點就是誠信，主持國家政務的人要講信譽。真要有信譽，不僅僅對國家好，對於發布政令的人本身也有好處。

《論語》中還有這樣的話：「子夏曰：『君子信而後勞其民，未信則以為厲己也；信而後諫，未信則以為謗己也。』」（《論語・子張》）孔子的學生子夏說，一個君子要在建立起信譽、贏得老百姓的信任之後，才可以讓百姓們去幹活，不管是讓他們服兵役，服徭役，還是去幹什麼，老百姓這時都會心甘情願。如果老百姓沒有對這個執政者產生信任，就會覺得執政者是在虐待自己。如果一個忠臣去進諫，也要先贏得君主的信任，先在君主面前樹立起信譽才行。如果沒有做到這一點，君主就會覺得你在誹謗他。那樣的話，後果就不太妙了。

子夏的這段話，讓我想起一個人，就是唐太宗李世民。李世民有一個著名的臣子，就是魏徵。李世民登基不久，有一次徵兵，苦於兵力不足，當時封德彝給他提了一個建議，不足十八歲的中男，如果體格魁梧，也可以一併徵上來。李世民一想，國家正缺士兵，就答應了。

唐代的制度，男孩十六歲以上叫中男，二十一歲以上叫丁，丁才負擔力役。讓未滿十八歲的男孩當兵，肯定不合制度。結果呢，徵兵敕文簽署下去，到了魏徵這兒，魏徵堅持不簽，給退回來了。李世民接著下敕文，魏徵再退回來，一連退了好幾次。按照程式，魏徵不簽署，這個敕文就發不下去，無效。

李世民大怒，急召魏徵。李世民說：「中男裡身強力壯的人，可能是奸民謊報年齡以逃避兵役，就是徵發他們又能怎麼樣？你為什麼要這麼固執己見呢？」魏徵回答：「帶兵之道在於指揮有方，而不在於依仗數量多。陛下徵發壯年成丁，好好訓練，足以無敵於天下，何必多取弱小以增加虛數呢！況且，陛下曾經說要以誠信治理天下，而今您即位不久，但已經失信多次了！」

李世民一聽，非常驚訝，問：「我哪裡有失信的事情？」魏徵倒也不慌，侃侃而談，一下列舉了當時好幾件失信於民的事情，比如說今天出臺一個政策說蠲免賦稅了，明天又下一道敕文徵收如故。

魏徵又說：「陛下曾經下敕文說：『已經出力役者、已經交納賦稅者，今年就不徵了，從明年開始。』但是後來還是加徵賦稅了，而今您又徵兵，哪裡就是明年再徵呢？何況，與您共治天下的地方官時常檢閱賦稅人丁簿冊，徵稅徵兵都以此為準。徵稅時沒問題，可這次徵兵您卻懷疑他們欺詐，難道這就是陛下所說的以誠信治天下嗎？」

李世民聽了魏徵的一席話，恍然大悟，非常高興地說：「以前我以為你固執，不懂得政務，今天聽你議論國家大事，真是非常精要。如果國家的號令不講信用，百姓就會無所適從，天下怎麼可能安定！我的錯誤真大啊。」

結果，李世民不僅採納了魏徵的建議，不再徵發中男當兵，同時還賜給魏徵一個子貢問曰：「何如斯可謂之士矣？」
子曰：「行己有恥，使於四方，不辱君命，可謂士矣。」
曰：「敢問其次。」曰：「宗族稱孝焉，鄉黨稱弟焉。」
曰：「敢問其次。」

金甕。

這樣的故事在歷史上還有很多。可以說，從一人一事，直到一個國家的治理，信譽為先，這是中國流傳已久的一種道德理念。

> 談到信譽，我們還得知道大信和小信的區別。
> 難道誠信還有什麼內在的區別嗎？我們怎樣來區分呢？

孔子曾經說過這樣的話：「君子貞而不諒。」（《論語・衛靈公》）什麼叫做「貞」？「貞」就是內有所守的大信譽，符合道義。而「諒」呢？「諒」就是內無所守，求信於人，拘於小節，難合大道。也就是說，君子要堅持正義而守大信，觀大勢，顧大局，但不一定要局限於小節上。

孔子為什麼要分大信、小信呢？這跟他的另一個思想有關。在《論語》中，孔子有很多地方是主張變通的，主張君子要善於通權達變。做一件具體事情之前，允許你在技巧上、在策略上有變通，更好地做好這件事，而不是提倡大家都去做腐儒，固執己見。所以，當子貢有一次問孔子怎麼樣才叫做士的時候，孔子回答說：第一等的曰：「言必信，行必果，硜硜然小人哉！抑亦可以為次矣。」曰：「今之從政者何如？」子曰：「噫！斗筲之人，何足算也！」
——《論語・子路》

「士」是有羞恥之心、不辱君命的人；其次是孝敬父母、順從兄長的人；再次才是「言必信，行必果」的人；至於現在的當政者，都是一些器量狹小的人，根本算不得「士」。我們今天說「言必信，行必果」，含有肯定的褒義，但在孔子那裡，這還只是小信。

孔子說：「言必信，行必果，硜硜然小人哉！」（《論語・子路》）意思是說，說到一定做到，做事一定堅持到底，但實際上卻不問是非，固執己見，那是小人啊。孔子心目中的「士」，就是懂得羞恥之心、孝敬之道的人，懂得大信的人。

不管從我們個人的人生道路來說，還是從整個社會文明的進展來說，只有守住誠信，才有未來。我想，對於誠信，每一個時代可能有每一個時代的解讀。

讓我們保有內心的誠意，從當下的生活出發，接受現實，樸素面對，並且以一種積極樂觀的態度守住信譽，通往未來的道路一定會向我們敞開。這樣一種觀念，大概在任何一個時代都有它的積極價值吧。

今天，我們應該怎麼做呢？我想，應該從《論語》出發，結合今天的現實，以《論語》中的誠信來引導今天的生活，走好我們人生的路。

孔子說過一句話：「德不孤，必有鄰。」（《論語・里仁》）當我們建立了自己良

有道德的人一定不會孤單。
——于丹心語

好的道德體系，當我們的整個道德水準提升之後，不僅是為這個社會做出貢獻，而且會有很多人在幫助我們，會有志同道合的人跟我們在一起。

有道德的人一定不會孤單。從我們每一個人內心的真誠出發，建立和守住信譽，就一定會建設起一個誠信的社會。

治世之道

于丹《論語》感悟之五

說到孔子的思想，不能不提到他的治世理念。後世流傳一句話，叫「半部《論語》治天下」，那《論語》裡面到底有什麼樣的治世思想？

在相隔兩千多年之後，《論語》中的這些治世思想到底還有沒有價值呢？

> 子曰：「道之以政，齊之以刑，民免而無恥；道之以德，齊之以禮，有恥且格。」
>
> ——《論語·爲政》

說到孔子的思想，不能不提到他的治世理念。後世流傳一句話，叫「半部《論語》治天下」，那《論語》裡面到底有什麼樣的治世思想？在相隔兩千多年之後，這些思想到底還有沒有價值？

儒家的政治理想，一言以蔽之，就是「德政」。在春秋時代，也就是孔子生活的那個時代裡，社會環境很特殊，沒有現代的法律制度，而是用禮樂制度來維繫整個社會秩序。與此相適應，孔子所提出的還是一種非常美好的、以道德倫理維繫社會秩序的理想。

我們今天評價孔子的一生，會覺得他這一輩子做了兩件事：一件成功了，就是他的教育事業，他因材施教，弟子三千，後來被奉為「萬世師表」；另一件失敗了，就是他的治世理想，當時他奔走在各個諸侯國之間，向各個國君遊說，但是都沒有實現他的理想。

今天，我們重提孔子的治世思想，到底有多大的現實價值？

讓我們先來看看孔子自己怎麼理解自己的德政理想。孔子對於如何為政，有這樣一個說法，他說：「道之以政，齊之以刑，民免而無恥；道之以德，齊之以禮，有恥且格。」（《論語·為政》）

一個人的榮辱觀，
光靠政令和刑罰是確立不起來的。
——于丹心語

這話什麼意思呢？治理國家，如果僅僅用政令來誘導，以刑法來約束，那就只能達到一個底線，就是老百姓暫時規規矩矩地生活，免去很多的刑罰。但是這樣會留下後遺症，不足以樹立他們的廉恥之心。也就是說，一個人的榮辱觀，光靠政令和刑罰是確立不起來的。

第二句話是孔子的一個理想，就是德政。他說，如果用道德來誘導，用禮制來統一人們的言行，那麼老百姓就不僅有羞恥之心，而且能一直遵守正道，人心歸服。也就是說，百姓們實實在在地服從治理，不是暫時地屈從。這是孔子的理想。

今天的社會是法治的社會。法律是這個社會的底線，它保障了公民的權利，保障了公民的安全。那麼道德是什麼呢？道德是在底線之上有助於公民自律的東西，它可以使社會核心價值得到提升。

在孔子那個禮崩樂壞的時代，單純提倡以德治國，一定會失敗。但是到了今天，這種以德治國的思想與法治制度相輔相成，施行德治應該比孔子的時代更有積極的意義。

我想，由於整個時代發生變化，雖然聖賢經典中的有些道理會過時，但有些道理卻因為文明的發達、社會的進步和多元化，反而可能比在孔子那個時候更有樸實的意義。所以，以德治國，雖然在孔子的時代是一個很失敗的理想，但在今天法治的基礎上，應該更有它的價值。

當時，魯國最有權勢的人季康子曾經多次跟孔子諮詢為政之道。「季康子問政於孔子曰：『如殺無道，以就有道，何如？』孔子對曰：『子為政，焉用殺？子欲善而民善矣。君子之德風，小人之德草。草上之風，必偃。』」（《論語・顏淵》）

季康子說，我誅殺了那些無道的人，親近有道的人，怎麼樣？懲惡揚善，我做得不錯吧？孔子不以為然，他反問季康子：「你治理這個國家，為什麼一定要用殺戮的辦法呢？如果你心向善，你倡導美好善良的風氣，那麼老百姓自然會人心向善的。」

> 殺戮是一種極端的方式，我們不排除治國的時候會使用到這個方式，但是孔子告訴我們，一味依仗殺戮，肯定不能建立起良好的社會秩序。
>
> 這是一個值得我們深思的道理。
>
> 那麼，除了刑罰以外，還要靠什麼來治理國家呢？

接著，孔子打了一個有意思的比喻。他說，君子的道德好像風，小人的道德好像

草，草遇到風，必定會倒下來。也就是說，有官職的人，能夠領導社會的人，比如季康子這樣的執政者，你的道德就好像是風，而小人呢，他的道德好像是草，風從草上過，草肯定跟著風倒，執政者的道德會對整個社會的道德產生影響。

孔子的意思是說，執政者只要善理政事，具有良好的道德，百姓們也就會跟著有道德，就不會去做壞人。如果執政者能夠做到這一點，那又何必去殺人呢？這些話今天聽起來有一點烏托邦的味道。它是美好的，但它是不現實的。

我們想想，單純以道德引領百姓，沒有法治制度的保障，那麼想要得到整齊的秩序是不可能的，想要做到不殺人也是不可能的。不過，孔子提出百姓的道德有賴於領導人的道德，這個觀點對我們今天來說還是很有啟發意義的。

德政反映了孔子的一個核心理念。那麼，這樣一個理念怎樣去實施呢？如何去做，其實孔子也有一系列的想法。

季康子，還是這個人，問政於孔子。孔子做了一個最簡單的回答：「政者，正也。子帥以正，孰敢不正？」（《論語・顏淵》）孔子說，「政」就是「正」的意思，你自己帶頭，做人做事端端正正，你下面的人怎麼敢不正呢？我們想，這樣的話，治理國家不就很簡單嗎？

清廉為官，以身作則，
這是德政的起點。
——于丹心語

孔子對於為政之道還有一些比較清晰的表達，例如他說：「其身正，不令而行；其身不正，雖令不從。」（《論語・子路》）意思是說，一個執政者，如果他自己行為端正，品德崇高，那麼他就是不下命令，大家也都會去做事，完成任務；但是，如果一個執政者自己很邪惡，做不到清廉方正，他就是頒布了一條又一條的法令，也沒有人來跟從他。

再比如，孔子又說：「苟正其身矣，於從政乎何有？不能正其身，如正人何？」（《論語・子路》）也就是說，執政者如果端正了自身的行為，治理國家還有什麼困難呢？如果不能端正自身的行為，又怎麼能使別人端正呢？

所以說，執政者要清廉為官，以身作則，這是孔子一以貫之的思想，也是德政的起點。

值得注意的是，孔子教過很多弟子，其中有些弟子做過縣宰之類的小官。有一個故事記載說，子路做蒲縣的縣宰，過了三年，孔子正好路過，就去看他。孔子進了蒲縣縣境，四下一看，說，子路這個人不錯啊，一看就知道他謙恭有禮，誠實無欺。

又走了一段路，進了縣城，四下一看說，子路做得不錯啊，一看就知道他誠實有

信，而且能夠寬恕待人。接著走，走進子路的縣衙，四下一看就說，看來子路明察秋毫，做事果斷。

孔子這樣大讚子路三通之後，陪他一起來的子貢就越來越奇怪。子貢問，老師啊，你到現在還沒見著子路，一路上已經誇他三遍了，到底為什麼啊？

孔子說，你看，我們一進入縣境，就發現兩邊田地都耕種得整整齊齊，溝渠挖得很深，道路非常通暢，這說明子路謙恭有禮，能夠調動百姓，所以大家才會盡心竭力。我們再往裡走，進了縣城，你看房屋都整整齊齊，沒有破敗，街道很乾淨，樹木都很茂密，這說明子路為人篤誠有信，以身作則，所以民風淳樸。接著呢，我們進入縣衙，你看這裡面居然很清閒，也沒有什麼人來告狀，這說明子路一定觀察仔細，做事果斷，把所有的訴訟都處理完了，所以不會成天有人在這兒鬧事打官司。所以，我誇他三遍，不為過吧？

這個故事不見於《論語》，而是記載在別的資料裡，但是它從一個側面反映了孔子的為政思想。「桃李不言，下自成蹊」。政績不一定要表現在口頭上說我做了哪些事，真正的措施一定要落實在具體效果上，所以你去看效果就行了，當然就知道他是怎麼做的。在孔子這裡，一切用事實說話，一個好的治世之道要反映在國泰民安上，反映在老百姓的利益上。

孔子的學生到底做出了多少政績，已經不可考了。但是，在我們的史書裡，記載了很多官員的事蹟，而在他們的治世之道中，德政思想一脈相承，從未斷絕。

大家都知道晏嬰吧？他在齊國做大夫的時候，正直廉潔，一直是劣馬拉著破車上朝，根本不用什麼寶馬香車。齊景公看在眼裡，就很奇怪，問他，是不是我給你的俸祿太低啊，你為什麼就這樣破車劣馬上朝呢？

晏嬰說，仰仗君上您的恩賜，我的家室都能安頓，我的朋友都有依靠，生活一切都不錯，有這樣的破車劣馬每天拉著我來工作，我已經很知足啦！

齊景公想，這晏嬰說的是不是謙辭啊？齊景公專門找了華麗的車馬，派一個叫梁丘據的人給晏嬰送去。梁丘據把車馬送到晏嬰府上，晏嬰就退回來，再送去，再退回來，往返了好幾次。

這時候，齊景公臉上有點掛不住了，就把晏嬰找來問，你這是什麼意思啊？如果你一定堅持不坐華麗的車馬，那不是逼著寡人也不再坐這樣的車馬了？

晏嬰很誠懇地回答，我們今天是一個很好的治世，老百姓衣食富足，但是富足之後，最怕的是他們失去了廉恥之心。光有外在的奢華，是不能夠讓一個清明世道長久

下去的。那些華麗的車馬，您可以坐得，其他高官也可以坐得，只不過我是不想坐的，因為國家委我重任，讓我下臨百官，那麼我就要以身作則，不然我怎麼能夠要求別人清廉呢？我有破車劣馬來代步就已經足夠了，千萬不能因為我的奢華而讓百官、百姓們失去了廉恥之心。

齊景公一聽，大為感歎。

在中國歷史上，晏嬰的口碑很好，他的故事流傳很廣。其實，晏嬰就是以他的行為印證了孔子所說的一個樸素的道理——一個執政者自身很正，那麼他的政令才會暢達無阻。

我們知道，中國的文人是「學而優則仕」，學習了知識之後，不是拿來炫耀的，而是要為國家、百姓做點事情。中國有太多的文人，只不過是失意的政治家；而太多的政治家，只不過是得意的文人。中國歷史上，文人與政治的關係就從來沒有撇清過。

我說出幾個歷史人物的名字，大家可能覺得他們就是文人，但是其實他們都有過做地方官的經歷，曾經治理過一方百姓。比如說白居易，曾在杭州做官，他修堤，興水利，讓當地整個的經濟發展起來，人民非常富足。後來調走的時候，白居易帶走了什麼呢？他僅僅從天竺山帶了薄薄的兩片石頭，還寫了一首詩，詩云：「三年為刺史，飲冰復食蘗。唯向天竺山，取得兩片石。此抵有千金，無乃傷清白。」

這首詩的意思是說，我在這個地方做了多年的刺史，操心政務，現在要走了，留一點記憶吧，那麼就從天竺山上取得兩片石頭帶走吧，這可抵得上千金，千萬不要損害我多年為官的清白名聲啊。

後來，他又做蘇州刺史，臨走的時候還是這個習慣，在洞庭湖邊又找了兩塊石頭。這兩塊石頭很大，是抬著進府的。白居易將它們洗乾淨，一塊石頭做了他的琴架，另一塊石頭呢，估計是凹陷的，所以用來儲酒。你看，琴棋書畫，詩酒流連，這是一種文人的作派。

白居易拿得這兩塊石頭，也很高興，寫詩說：「萬古遺水濱，一朝入吾手。……回頭問雙石，能伴老夫否。石雖不能言，許我為三友。」他說，這兩塊石頭啊，多年以來一直被扔在洞庭湖邊，而現在到了我的手裡。它們雖然不能說話，但陪伴著我，我們三個就像是朋友呢。白居易就是這樣留一方大自然的信物，讓自己的心情醞釀其中。

這就是中國知識分子為官時的品格。他希望得到的是什麼呢？是清風明月，是一顆恆常之心，是為一方百姓做完實事之後的坦然，而不是要什麼珠寶財富。可以說，儒家思想中的德政理念對中國知識分子的影響非常大。

在《論語》裡面，問政的言論還有很多。有一次，學生子張問老師，怎麼樣去治理這個世道？老師的回答只有八個字：「居之無倦，行之以忠。」（《論語・顏淵》）「居之無倦」，一個人在做官的時候，心中不要有任何的倦怠之意，要讓自己時時是勤勉的，努力的，工作著的；「行之以忠」，你去推行政令的時候，要盡心竭力。你能做到這些，就夠了，為政就不難了。

子路問政。子曰：「先之，勞之。」
請益，曰：「無倦。」
——《論語・子路》

有一次，子路也問為政之道，孔子的回答更簡單：「先之，勞之。」（《論語・子路》）子路問，老師啊，怎樣來治理國家呢？老師說，你要想治理好一方人民，不難啊。老百姓肯定要做點事，對吧？不外乎是修道路、修房屋這些基本建設，大家都挺勞苦吧？那不要緊，你身先士卒，衝在他們前面。這樣的話，你就可以讓百姓們勤勞工作了。

對於這個回答，子路覺得太簡單了。他就問，老師你能不能給我多說點啊？老師回答時只說了兩個字：「無倦。」就是堅持這麼做，永遠不要懈怠。不要因為取得一點政績就居功自傲，就倦怠下來，而是要保持旺盛的精神，一直前行。

從子路在蒲縣的政績來看，孔子的這個教導對子路的影響是很大的。為政要勤勉清廉，要以身作則，這是實踐孔子德政理想的具體表現。這樣一種表現，在有擔當的中國文人的身上屢見不鮮。

前面說了白居易，再說一個文人蘇東坡。蘇東坡從密州調到徐州做太守的時候，正好趕上洪水氾濫。當時徐州城外的曹村地方決堤，洪水直逼徐州城，形勢非常危急，城裡富人紛紛出逃。蘇東坡親自坐鎮城門，勸說眾人：「有我在，洪水絕不至於沖垮城池，請大家都回去吧。」大家不再出城，城裡百姓的情緒才安定下來。

接著，他又趕緊來到駐在徐州的禁軍的軍營，對士兵們說，現在請大家一起來為百姓做點事，趕快築堤保護這座城池。在宋代，禁軍直接歸皇帝指揮，一般官員是無權調動的，但士兵們看到蘇東坡這位父母官不辭辛苦，衝在抗洪第一線，很感動，就全部出動，很快就築起一道大堤，保住了徐州城。

我們現在說起蘇東坡，都覺得他是一個卓越的藝術家，是一個大文豪，但其實呢，他跟其他很多著名文人一樣，都在儒家德政理想的浸潤下，做出過很大政績。

我們還要說到另一個人，就是東晉的陶侃。陶侃很不容易，他出身寒門，在那個講究門閥的時代能夠一直為官，而且官位不低，完全是靠他自己的道德感召力和卓著

的業績。

陶侃做廣州刺史的時候，由於廣州還是偏遠之地，所以政務清閒。不過，人們看到一件很奇怪的事，就是陶侃每天早晚把上百塊磚頭一個人搬進搬出屋子。大家很不理解，問他這是折騰什麼呢？陶侃說，我正努力要收復中原，現在如果過於安樂優閒，恐怕到時無法做事，力不勝任。

陶侃為官一方，不敢有絲毫懈怠，真正體現了儒家為政要勤勉的思想。也正因為他自己為政勤勉，就能嚴格要求下屬，下屬也服氣。他看到有人喝酒誤事，就把酒器全都扔進水中；看到有人賭博誤事，就把賭具也全都扔進水中。我們想想，如果是一個只許州官放火、不許百姓點燈的上司，他去嚴肅紀律，大家會心悅誠服嗎？正是由於陶侃自己勤勉，所以在他治理的地方，百姓們都勤於農事，家給人足。

陶侃為什麼能讓人肅然起敬？這是因為他居安思危，自己沒有絲毫懈怠之心，做到了孔子所說的「居之無倦，行之以忠」，所以為政順乎人心。

對於怎樣實施德政，《論語》中還有很多具體的方法。比如說，有一次，孔子的學生子張跟孔子有一段很長的對話，就談到有關為政的許多具體內容：

子張問於孔子曰：「何如斯可以從政矣？」

子曰：「尊五美，屏四惡，斯可以從政矣。」

子張曰：「何謂五美？」

子曰：「君子惠而不費，勞而不怨，欲而不貪，泰而不驕，威而不猛。」

子張曰：「何謂惠而不費？」

子曰：「因民之所利而利之，斯不亦惠而不費乎？擇可勞而勞之，又誰怨？欲仁而得仁，又焉貪？君子無眾寡，無小大，無敢慢，斯不亦泰而不驕乎？君子正其衣冠，尊其瞻視，儼然人望而畏之，斯不亦威而不猛乎？」

子張曰：「何謂四惡？」

子曰：「不教而殺謂之虐；不戒視成謂之暴；慢令致期謂之賊；猶之與人也，出納之吝謂之有司。」（《論語‧堯曰》）

子張去問老師，怎樣就可以治理政事呢？孔子告訴他：「只要你尊重五種美德，排除四種惡政，這樣就可以治理政事了。」

提倡尊崇好的東西，摒棄壞的東西，政治風氣就會好了。子張當然想知道這好的

和壞的東西到底是什麼。

子張問，什麼叫「五美」啊？孔子給他說了這樣五件事：「君子惠而不費，勞而不怨，欲而不貪，泰而不驕，威而不猛。」

什麼意思呢？子張聽了還是不明白。比如說第一點吧，給人民好處，但又要自己無所耗費，這怎麼做得到呢？

孔子詳細解釋了「五美」。第一點是「惠而不費」，就是一個執政者，要給百姓恩惠，但是又不要過多破費。執掌權柄的人他掌握的是國家財政經費，但是他不能老在那做慈善，不是沒完沒了地給百姓派大紅包。如果這樣做，浪費了財政經費不說，而且鼓勵了百姓的懶惰之心。

那怎麼才能做到惠而不費呢？孔子說，只要你在他們能夠得到利益的時機和地方去加以引導，讓老百姓做對他們自己有利的事情，這不就不用掏國家的腰包了嗎？也就是說，與其給他們錢，不如盡量給他們政策，扶持他們，調動他們的積極性，使大家能夠全盤搞活，讓他們自己主動去創造財富，得到他們應得的利益，這樣你不就不用破費了嗎？

第二點呢，叫做「勞而不怨」。我們今天是一個職業化的時代，大家都有工作在

> 人可以有欲望，但不可以貪婪。
> ——于丹心語

幹。就是在一個福利社會中，也不能說讓所有的老百姓都歇著不幹活吧？一個國家，人民總要有勞作，但是如何能夠做到勞而不怨？就是大家幹了活，卻歡歡喜喜而沒有抱怨？這容易嗎？不容易呢。怎麼樣才能做到呢？

孔子的解釋是，你要選準了可勞作的事情或者時機，比如說春耕、秋收，這些事情是大家必須要做的，不然沒得吃了，所以他們不會有抱怨。再比如說，大家衣食豐足，沒有後顧之憂了，這個時候你再讓他們去修堤壩，或者去築路，他們也是可以接受的。但是，如果在他們溫飽都沒有解決的時候，你逼著他們去服勞役，或者去打仗，那老百姓肯定會有抱怨。這就是說，要做的事情、做事的時間你要挑對了，才能調動老百姓的積極性，讓他們勞得其所，願意這樣去付出，就會樂在其中，你說誰還會抱怨呢？

第三點，叫做「欲而不貪」。我們過去有一個誤解，認為儒家是教人清心寡欲，沒有任何欲望。有人常說，一個人要對這個世界沒有任何的欲望，他才是一個真君子。其實孔子說的是，人可以有欲望，但不可以貪婪。這是一個客觀的陳述，符合人性。一個人如果沒有欲望，在生活中可能就會缺乏一些基本的動力，但是這個欲望不能過分，不能欲壑難填，否則就會因貪婪而造成禍害。

那麼，一個人有欲而不貪，如何做到呢？孔子說，人是有欲望的，但是要看你的欲望引領你向何方去，如果是指引到仁愛大道上去，你自己要好，也讓別人好，那麼還貪求什麼呢？孔子還說過：「己欲立而立人，己欲達而達人。」（《論語．雍也》）自己過得好，同時也要幫別人過得好。

這種概念像什麼呢？比如說，大家坐飛機，在起飛之前會聽到廣播，說我們的頭頂上都有氧氣面罩，遇到緊急情況會自動脫落，這時空姐會提醒大家，請自己先戴好面罩，再幫助旁邊的人。其實，這是一個簡單的人際法則。每一個人在遇到風險的時候，先把自己照顧好，這也是盡一份責任，照顧好自己之後就要馬上去幫助別人。

儒家早期思想不是專門提倡毫不利己專門利人，而是說在你自己發展的同時也要去幫助別人。人是有欲望的，但是這個欲望往仁愛之處發展，求仁得仁，又怎麼會有貪欲呢？你去引導他的欲望，而不是壓制他的欲望，這就夠了。這叫「欲而不貪」。

第四點叫「泰而不驕」。怎麼做到呢？孔子說，在一個真君子的心裡，他看別人，不在乎對方人數是多是少，勢力是小是大，而是對什麼人都盡心竭力，不敢怠慢。比如說，我們做老師的要去講課，在大學的課堂上，有時候大班上課可能有三、四百人，而小班上課可能只有十幾二十個人，你不能因為大班人數多，關注度高，這節課你就好好講，小班人數少，講起來就不帶勁吧？如果你這樣做，那麼就說明你有傲慢之心。

其實，真正的職業態度應該沒有分別之心，不論多寡，不論小大，你都應該專注地去做。難道一個人四、五十歲，精通事理，來問你事情，你就重視，而一個十來歲的孩子問你事情，你就可以敷衍嗎？如果一個人做到「無眾寡，無小大，無敢慢」，那麼這就叫「泰而不驕」。你的內心從容舒泰，你的外表就不會有一種淩厲驕矜之氣。

其實，從另一個角度來講，那種常常流露出看不起人的神色、有驕矜之氣的人，他的內心是最不自信的。他瞧不起很多他覺得一般的人，但實際上呢，他見到某些他認為比他高一等的人，就會表現出卑微、諂媚的一面。過分的卑微和過分的驕矜會交錯出現在同一個人身上，就是因為他內心不自信。一個真正自信的人，他對任何人都會保持著一種舒泰和謙恭的態度，因為他知道恭敬他人就是尊重自己。

最後一點，叫做「威而不猛」。真君子他是威嚴端莊的，但是他並不兇悍。孔子說，一個真君子見人做事，他的衣冠總是整整齊齊，目不邪視，端莊穩重得使人心生敬畏。

一個人正其衣冠，不見得要華服美飾、綾羅綢緞，只要你乾乾淨淨，整整齊齊，

君子不需要有一種外在的凌厲氣勢，
他很少攻擊他人，只拓展自己。
——于丹心語

眼光中有一種磊落，眉宇間有一種坦然，你對人有一種尊敬，那麼別人看見你就會心生敬畏。

這樣的敬畏，其實是一種深刻的尊重，並不是懼怕，所以孔子說是「威而不猛」。這種威嚴，跟你的權勢無關，跟你的地位無關，跟你的財富無關，只關乎一個人的品德和尊嚴。這樣的君子不需要有一種外在的凌厲氣勢，他很少攻擊他人，只拓展自己。

以上這些，就是孔子所說的「五美」。如果你把這五美都做到了，那麼這個社會的風氣是不是就會好起來？大家都在努力工作，但是沒有過多的貪欲；大家都蓬勃向上，內心都是有尊嚴的，這還不美嗎？

子張接著問，老師說的「四惡」又是什麼呢？孔子回答，四惡就是「虐」、「暴」、「賊」和吝嗇。

第一，什麼叫「虐」？孔子說，你不先去教化天下，不先努力樹立良好的社會道德風氣，就直接去整頓社會秩序，把你認為的壞人給殺了，這就叫做「虐」。為什麼呢？因為你事先沒有進行教導，老百姓怎麼知道該怎麼做呢？他做了壞事，是你沒帶好他。但是，你直接就把他殺了，好不好呢？不好，對他不公平啊。這是惡政。

第二，什麼是「暴」？孔子說，你不提前告訴百姓們要做什麼事情，就迫切地要求人們做事要成功，要拿出成績，這就是「暴」。為什麼呢？因為你急功近利，沒有預先申誡，告訴百姓們要做什麼事，怎麼去做，就急著要抓你的政績，肯定會出紕漏，這樣的話，百姓們怎麼能不受苦呢？

大家經常開玩笑說，有人吃三個饅頭就能飽了，但是，他要節省前兩個不吃，直接吃第三個饅頭，希望這樣能飽。實際上，沒有前兩個饅頭墊底，他吃的永遠是第一個。你沒有先對百姓申誡該做什麼，該如何做，就想很快出政績，就好像那個吃饅頭的人一樣急功近利。你得給時間讓百姓去準備，告訴他們規範在哪裡，該做什麼，不該做什麼，否則如果只想著你的政績，那麼顯然對百姓不好，這就是一種暴行。

第三，什麼叫「賊」？孔子說，你事先不督促，大家都很懈怠，臨到最後，你卻突然提出完工日期，逼迫大家趕工期，你這樣做是很不負責任的。這樣陷別人於不義，就是「賊」。

第四，什麼是吝嗇呢？該給人錢財的時候，不要吝嗇；要真正有恩德，就要厚待於人。大家盡心竭力，把事情都做好了，到最後發放錢財的時候，卻能少給就少給點吧，能夠不給就不給了吧，出手不大方，這就是吝嗇啊。孔子說，出納吝嗇的人就好

像「有司」那樣小氣。「有司」是古代對具體管事者的稱呼，職務卑微。孔子的意思是說，真正治理世道的人，做大政治的人，他出手不應該像一個上不得臺面的有司那樣小家子氣，他一定要兌現諾言，厚待於人。

這段話很長，但是裡面講了很多為政的道理。也許大家對孔子的理想多多少少有些質疑，認為這過分理想化，但是在他的德政理想中，確實有很多細節可以給我們以啟發。

> 我們不能期待一個烏托邦的降臨，但我們可以通過自己的點滴努力去建設一個美好的社會。
>
> 那麼，我們該如何去建設呢？
>
> 其實，孔子已經給出了一些具體的答案。

有一次，季康子又跟孔子問為政之道。「季康子問：『使民敬、忠以勸，如之何？』子曰：『臨之以莊，則敬；孝慈，則忠；舉善而教不能，則勸。』」（《論語·為政》）

子夏為莒父宰，問政。
子曰：「無欲速，無見小利。
欲速則不達，見小利則大事不成。」
——《論語‧子路》

季康子問，要想使百姓們恭敬有禮、忠誠不二、勤勉努力，該怎麼做呢？孔子回答說，你用莊重的態度對待老百姓，他們就會尊敬你；你對父母孝順、對子女慈祥，百姓就會盡忠於你；你提拔善良的人，又教導能力弱的人，百姓就會勤勉努力了。在這裡，孔子的意思很明白，就是執政者要想讓老百姓變好，比如說具有恭敬、忠誠、勤勉等品質，都還得依賴於執政者自身的言行，這是對執政者本身提出了要求。我們看，孔子所說的內容都是一些非常實在的教導，告訴執政者要在一些具體行為層面上努力去做，達到德政的目標。

關於治世之道，孔子還提出了一些今天讀來仍覺很有意味的辯證觀點。孔子的學生子夏在莒父縣做官，有一次去找老師說，請問老師我要怎麼處理政事啊？看來他對於怎麼治世也有很多困惑。

孔子這次呢，沒有講怎麼做的具體內容，只是說了兩條原則：「無欲速，無見小利。欲速則不達；見小利則大事不成。」（《論語‧子路》）「欲速則不達」，這是後世流傳非常廣泛的習語，它就出自這裡。

孔子跟學生說了什麼原則呢？就是讓子夏記住兩點：第一，在時間上，不要圖快，不要急功近利，不要盲目追求速度；第二，不要被一些小的利益蒙蔽住眼睛，失

去可持續長遠發展的機會。

孔子說：「不要圖快，不要貪圖小利。圖快，反而達不到目的，貪圖小利，就做不成大事。」「欲速則不達」，貫穿著深刻的辯證法思想，即手段和目的要注意平衡協調，不可一味圖快，追求小利，否則就容易揀芝麻丟西瓜，壞了大事。

我們知道，短跑運動員靠的是爆發力，長跑運動員靠的是耐久力。一個爆發力特別好的人，他的耐久力可能就比較差，而一個人參加馬拉松比賽，從來不會一開始就以百米衝刺的速度衝出去。

政治經濟建設的事情，那比馬拉松要遠大得多啊！如果一開始就衝刺，今天這兒搞一個大工程，明天那兒做一個大慶典，這都不是長遠之道。如果被小利蒙蔽，就完成不了大事業。

對我們今天來說，不要求快，不要貪小利，這兩條原則非常具有現實意義，不僅對執政者有用，而且對我們一般人而言也有很大的啟發。我們在日常的為人處世中，或許都能從這兩句話中得到啟示。

剛才談到，執政者的素質如何，對於德政的實施關係很大。具體的事情要靠人做，所以在孔子的德政思想裡有一個很重要的方面，就是要舉賢任能，要提拔一些能夠實現德政理想的人。

《論語》裡記載了魯哀公跟孔子的一次對答，就談到這個問題。「哀公問曰：『何為則民服？』孔子對曰：『舉直錯諸枉，則民服；舉枉錯諸直，則民不服。』」（《論語・為政》）魯哀公問孔子，要怎樣做才能使老百姓服從呢？孔子直截了當地給了一個答案：如果你把正直善良、品德高尚的人提拔起來，把他們安置在那些邪惡不正的人之上，那麼老百姓就服從了。反過來，阿諛奉承、包藏禍心的邪惡小人，一個個都被提拔起來，放在國家的重要崗位上了，他們壓制住了那些正直善良的人，那麼老百姓就不會服從。就是如此簡單。

我們現在看《論語》，有時候你可能會覺得它不很現實，但有時候你就會覺得它說的都是樸素的真理，它穿越了紛繁複雜的歷史，把那些簡單而有用的道理擺在了我們面前。

在某種程度上來說，政治的真正較量最後都在於你用了什麼樣的人才。什麼人能夠去治世呢，有統一的標準嗎？對於這個問題，還是季康子，跟孔子曾經有過一番有意思的對話：

季康子問：「仲由可使從政也與？」子曰：「由也果，於從政乎何有？」曰：「賜也，可使從政也與？」曰：「賜也達，於從政乎何有？」曰：「求也，可使從政也與？」曰：「求也藝，於從政乎何有？」（《論語・雍也》）

有一天，季康子跟孔子談話，大概是在品評人物的施政才能。季康子特地問到孔子的三個學生。這三個學生都是孔子很喜歡的弟子，分別是子路（仲由）、子貢（端木賜）和冉求。季康子一一問道，可以讓子路、子貢和冉求他們治理政事麼？

孔子對自己的弟子很了解，回答說，他們都可以啊。孔子說，子路是一個勇敢果斷的人啊，讓他去從政有什麼困難呢？子貢這個人學問通達，思想靈活，能夠變通，讓他去從政又有什麼難處啊？冉求也沒問題，這個人多才多藝，他去從政，那有什麼困難啊？

我們看看孔子這個回答，真叫「不拘一格降人才」，這三個人性格、稟賦、才能多麼不同啊，但是一樣可以去治理政事。孔子太了解自己的學生了，也了解治理政事所需要的條件，所以才這麼肯定地回答季康子。

治世需要豐富的心靈，
需要不拘一格的人才。
——于丹心語

這三個人，你要是挑他們的缺點，不是沒有。比如說，子路有勇無謀，但是孔子說，沒問題，這個人有他的優點，因為他勇敢果斷，他可以。子貢是一個做生意很精明的人，也有很多毛病，比如喜歡議論別人，孔子就曾善意地批評過他，但是孔子說，這個人通達，他很會融會貫通，從政也沒問題。冉求多才多藝，如果站在批評的眼光來看，可能會說他胸無大志，沉湎於那些技藝，但是孔子說，一個多才多藝的人他去從政有什麼難處啊？

孔子的回答說明，治世需要豐富的心靈，需要不拘一格的人才，每一個人都能夠在他所擔當的職責上把長項發揮出來，那麼他就是最好的。孔子在用人上的這種思想對今天應該啟發很大。

那麼，什麼人能夠這樣去用人呢？這個人自己應該是胸懷坦蕩的人。什麼人才是伯樂呢？這個人自己應該心底無私，人格端正。

我們都知道鮑叔牙和管仲的故事，這是中國歷史上著名的故事。他們兩人本是好朋友，真正的知己。鮑叔牙跟了公子小白做事，而公子小白呢，就是後來有名的齊桓公。小白打敗了公子糾，做了齊國的國君，這時鮑叔牙給他推薦了一個人。他說，如果您真要治理好這個國家，真想讓國家興旺發達，為什麼你不起用管仲呢？管仲這個

人，在寬厚仁慈對待百姓上我不如他，在治理國家不失權柄上我不如他，在指揮打仗軍事謀略上我不如他，在制定國家法度禮儀上我也不如他，那麼你為什麼不請來管仲呢？

提起管仲，齊桓公可是心有餘悸，因為管仲當年就是公子糾的門客，曾經在爭鬥中一箭射到公子小白的衣帶鉤上，差點要了小白的命，如今他逃亡在外。如果那時管仲射死了公子小白，如今的齊國國君就應該是公子糾了。這位管仲可是齊桓公的大仇人，怎麼能夠用他呢？但是，齊桓公聽鮑叔牙這麼一說，便捐棄前嫌，趕緊把管仲請了回來，讓他做了齊相。這管仲雖然早年出身貧寒，但確非等閒之輩，忠心耿耿輔佐齊桓公治理齊國，結果，齊桓公做了天下霸主，「九合諸侯，一匡天下」，聲威赫赫。

可以說，管仲治齊，雖然有鮑叔牙的推薦之功，但若非齊桓公有容忍大度的襟懷，那就絕對沒有管仲發揮的機會。

齊桓公與管仲的故事，跟後世李世民與魏徵的故事如出一轍。魏徵本是李世民的政敵、太子李建成的手下。李建成死後，李世民同樣不計前嫌，任用魏徵，這才有了後來彪炳史冊的「貞觀之治」。

或謂孔子曰：「子奚不為政。」
子曰：「書云：『孝乎惟孝，友于兄弟，施於有政。』是亦為政，奚其為為政？」

——《論語·為政》

今天，我們一個普通人，也許無心於政務，那麼學習討論《論語》的治世之道，有什麼意義呢？

其實，這個問題孔子已經回答了。

有一天，有人問孔子，您怎麼不從政呢？這大概是在魯定公初年，當時孔子沒有做官。孔子是怎麼回答的呢？他是這樣說的：「書云：『孝乎惟孝，友于兄弟，施於有政。』是亦為政，奚其為為政？」（《論語·為政》）

孔子說，《尚書》上有這樣一句話，說：「孝啊，只有孝順父母，友愛兄弟，把這種風氣影響到政治上去。」這也就是從政了啊，為什麼一定要做官才叫參與政治了呢？

孔子的意思是說，我把友愛、孝順之心推導到一切事務上，這就是最大的政治。也就是說，家庭關係、朋友關係，都處理好，才能夠談到整個社會的和順。如果這樣做，整個社會都和諧了，這還不是為政嗎？

後來，孔子周遊列國，雖然也沒有得到從政的機會，但是他每到一個國家都知悉子禽問於子貢曰：「夫子至於是邦也，必聞其政。求之與？抑與之與？」
子貢曰：「夫子溫、良、恭、儉、讓以得之。
夫子之求之也，其諸異乎人之求之與！」
——《論語‧學而》

這個國家的政事。有一個叫陳亢（字子禽）的人對此很奇怪，問子貢：「他老人家一到哪個國家，必然聽得到那個國家的政事，這是他求來的呢，還是別人自動告訴他的啊？」

子貢是怎麼回答的呢？子貢說：「夫子溫、良、恭、儉、讓以得之。夫子之求之也，其諸異乎人之求之與！」（《論語‧學而》）這句話的意思是說，孔子為人溫和善良，對人恭敬，行為節儉，而且他整個人放射著一種謙遜的光芒，他就靠著這「溫、良、恭、儉、讓」而做到每到一地就能熟悉當地的政事。這是一種人格力量的延伸，這是一種道德的凱旋。當他擁有這些品質的時候，還用得著求著人家問嗎？還用得著各個國家的國君自動告訴他有關的政事嗎？最後子貢說，我們老師了解政事的方式，或許跟其他人的方式都不一樣吧。

也就是說，當一個人呈現出來一種「溫、良、恭、儉、讓」的姿態，有了這種道德力量的時候，他才能夠洞悉真正的治世之道。

上面兩段話能夠給我們一個啟發，人與世界的關係永遠是密不可分的。對於世界的感知，對於整個世界的變遷和文明的走向，不一定說非要有一個專門的官職，也不一定非要學會多少權術，才能去了解，而是每一個人都可以從一個道德起點出發去感知。

在孔子所處的春秋時代，以德政施行於天下，也許是一個不切實際的幻想，但當整個文明走過兩千多年，在我們今天有了法治作為保障的社會中，可能道德的力量比任何一個時代都更能發揮它的功能。

我們站在今天去看古人的教導，雖然沒有必要去墨守成規，但還是能夠獲得很多的啟發。沒有人說孔子在歷史上是一個成功的政治家，但這並不妨礙他的德政理想作為溫暖的種子延續到我們今天的社會之中。讓我們去發展和完善孔子的理想，使我們的生活變得更美好。

于丹《論語》感悟之六

忠恕之道

忠恕這樣的道理，孔子在兩千多年前就一以貫之地實行過。讓這樣的道理走到我們每個人的心裡，簡單來說，就是忠誠於自己，善待他人。

以這樣的心生活在這個社會，不管這個世界如何紛亂，如何迷茫，我們每一個人都會活得自在一些。

子曰：「參乎！吾道一以貫之。」曾子曰：「唯。」
子出。門人問曰：「何謂也？」
曾子曰：「夫子之道，忠恕而已矣！」

——《論語・里仁》

在今天這個時代，我們都面臨著一個問題，就是外在的迷惑太多，變化太快。千變萬化裡面，有什麼東西以不變應萬變？自己心裡的依據到底在哪兒？今天我們總在說，人的行動是聽從心靈指引方向的，但是自己的心又在哪兒呢？這是我們自已老找不到的東西。

其實，我們看看孔子那個時代，就會發現有好多概念是從心靈出發的。孔子講的人生道理中，有好多字都屬於心字旁部首。

有一次，孔子給學生上課。「子曰：『參乎！吾道一以貫之。』曾子曰：『唯。』子出。門人問曰：『何謂也？』曾子曰：『夫子之道，忠恕而已矣！』」（《論語・里仁》）

孔子跟他的學生曾參說：「曾參啊，你知道嗎？我做人做事的道理有一個貫徹始終的觀念。」曾子心領神會，說：「我明白。」孔子出去之後，別的學生就問曾參：「老師說的是什麼意思，那『一以貫之』的東西到底是什麼啊？」曾參給他們解釋說：「老師這一生，做人做事最根本的出發點，就是忠和恕兩個字。」

我們就會聯想到，學生子貢曾經請教老師，你能給我一個字讓我終生奉行嗎？也就是說，我一輩子就記這一個字，按這個字去生活，有嗎？老師說，如果有這個字，子貢問曰：「有一言而可以終身行之者乎？」
子曰：「其恕乎！己所不欲，勿施於人。」
——《論語・衛靈公》

大概就是「恕」字吧！

何為忠，何為恕呢？宋代朱熹對「忠恕」兩個字解釋得非常好，非常簡單。他說：「盡己之謂忠，推己之謂恕。」也就是說，盡自己的心是忠，用自己的心推及他人就是恕。有人說：「中心為忠，如心為恕。」朱熹也引用了這個看法，並且說這個看法也是說得通的。你看，這兩個中國字，寫得很有意思吧？

我們想想自己內心的標準，良知在哪裡，是非在哪裡，自己心裡裝著的判斷是什麼？經常對自己提這些問題，並努力做好自己該做的事情，這就是「忠」。而「恕」呢，就是將他人心比如自己心，自己跟他人作換位思考，這樣你就變得寬容了。這就叫「中心為忠，如心為恕」。

但是，這兩個字都有一個前提，就是你得知道自己的心在哪兒。

如果我們沒了自己的心，那這個世界上我們可比的標準太多了，今天你看一看，你鄰居家的生活是一個可以比的標準，廣告上的生活又是一個可以比的標準，報紙上關於某一家生活的報導也是一個可以比的標準。也就是說，這個世界上崢嶸萬象，誘

由自己心靈出發，抵達他人心靈，
這就找著自己跟他人相處的途徑了。
——于丹心語

惑太多，但是自己的心在哪兒呢？

今天，我們不難看見整個外在世界給我們提供的種種參照，但是只有在心靈的座標真正確立之後，忠恕才是可行的，我們才能像孔子那樣找到一生一以貫之的這個根本之道的所在。

有了自己的心以後，由自己心靈出發，抵達他人心靈，這就找著自己跟他人相處的途徑了。

怎麼做到盡自己的心，怎樣對他人恕呢？這就是孔子所說的道理，自己願意做的事情，幫人家也做到這樣，就是「己欲立而立人，己欲達而達人」（《論語・雍也》），而自己不願意做的事情不要強加於人，就是「己所不欲，勿施於人」（《論語・顏淵》）。我們想想，這一切都還是依賴於自己心裡的判斷。

還是這個曾參，他曾經說過：「吾日三省吾身：為人謀而不忠乎？與朋友交而不信乎？傳不習乎？」（《論語・學而》）曾參說，我每天要多次反省自己的內心。他都反省什麼呢？

第一點就是「為人謀而不忠乎」。每個人都有社會角色，有職業身分，你在這個社會上做點事情，去謀一個差事，做一個職業，你做到忠誠了嗎？

子貢曰：「如有博施於民而能濟眾，何如？可謂仁乎？」
子曰：「何事於仁，必也聖乎！堯、舜其猶病諸！
夫仁者，己欲立而立人，己欲達而達人。能近取譬，可謂仁之方也已。」
——《論語・雍也》

也許會有很多人說，我們已經過了那個忠於君主的時代，我們今天還要提這種「忠」嗎？我們不是經常說，歷史上的忠臣很多是愚忠，我們還需要這樣的忠臣嗎？

其實，我們想一想，「中心為忠」這個概念永不過時，因為真正的忠誠，不是忠誠於外在的一個標準，也不是忠誠於哪一個人、哪一種制度，他忠誠的是內心的道德判斷，良知所在。

所以，真正的忠誠是在自己的心裡，一個用心去做事的人，才真正可以做到對崗位、對職業有一份忠誠。

我們在工作上做到職業化，那只是底線，但是如果有自己的心靈在的話，可以在工作上面發揮出無限的聰明才智，我們就會做到比職業化更好的境界。

我看到過一個有意思的故事，是一個關於賣花的故事。簡簡單單的一家小花店，店主想招聘一個營業員來賣花。來應聘的是三個小女孩，第一個女孩是專門學園藝出身的畢業生，所以她了解很多專業知識。第二個女孩在別的花店幹過很長時間，有過很多實踐經驗。第三個女孩什麼都不知道，從來沒接觸過花卉知識，她就是一個待業的女孩。這花店的主人把三個女孩都留下了，看她們怎麼賣花。

第一個女孩因為是學園藝出身，所以她非常專業化，只要來了客人，她就要問一下，你給誰送花，是給父母長輩，給同學朋友，還是自己的戀人？你是選擇一個什麼紀念日？那她馬上就能給你解釋一下花語，每一種花是代表什麼，幾朵花代表什麼，花與花相配組合出來的語言是什麼。她用自己的專業知識去做，這樣就有很多人喜歡她，業績不錯。

第二個女孩因為長時間賣過花，她會從利潤上、從花店的收入上考慮更多，所以她很精細。大家知道，搬運花卉的時候有好多花會折斷了，損傷了，很多花朵掉了。這個女孩在插花的時候，總是會拿牙籤把斷了的花再插到花泥上，這樣能節約成本。她插出來的花成活率特別高，特別漂亮，大家看了也很滿意。

第三個女孩子既不懂花語，也沒有賣花經驗，應該說她是一個很不職業化的人。但是，這個女孩子是一個本性特別清純善良的孩子，所以她看到殘花敗朵的時候，也捨不得扔掉，不過她不會用牙籤把它再插回去，她總是站在花店的門口，早晨看見有上學的小孩，她就會把殘破的花一朵一朵放在他們的小手裡，晚上看到有散步的老人，她也會捧著一把殘花發給他們。每次送花的時候，她都會笑著告訴他們兩句話：

「送人鮮花，手有餘香。如果你自己不太喜歡了，還可以再送給別人。」

一星期以後，這個花店的主人決定留下第三個女孩子。

在我們所面對的職業裡，有時候專業的技巧，甚至你所籌謀的利潤可能都不是最重要的，也就是說，重要的是，有你的心在嗎？你是帶著一顆心去盡自己的忠誠嗎？只有這樣的忠誠，才可以真正提升一個職業，帶來真正的人性魅力。

其實，賣花是賣一段花的心事，賣花是賣如花的心情，所以第三個女孩從職業資質上講比前兩個人都差，但是她有一顆心在，這就是一種「中心為忠」。

有了這樣的忠以後，還需要注意做到什麼？每一個人從自己的內心出發，去看待自己和他人的關係，而世界是變化很快的，那麼就要求自己的心靈永遠有定力，對自己保持一個正確的估價，你的忠誠度才能不會降低，這就是《論語》一直說的「君子求諸己，小人求諸人」（《論語・衛靈公》）的意思。

在這個社會上，一天到晚求他人給個機會，給個崗位，提攜一下，這樣的人不少。不是說這麼奔忙的人不好，機遇固然要抓住，但是一個根本的出發點是你要知道自己是什麼人。

在這個社會上，一個人總會有被人誤會的時候，總會有懷才不遇的時候，中國歷史上多少文人的感慨就是生不逢時、沒有得遇明君賢主啊，在這個時候，人的內心是容易動搖的。這個時候，你要看清自己的心。你覺得我對於自己生命的這份忠誠有人了解嗎？我的這份忠誠能夠嫁接到社會上，進入到一個職業崗位嗎？這時候，內心是惶惑的。做一個「求諸己」的君子，很不容易。

但是，《論語》裡一直在提倡：「君子病無能焉，不病人之不己知也。」（《論語・衛靈公》）真正的君子，他心中所想的是擔心自己沒本事，從不擔心別人不了解自己。

這話還有一種表述，就是：「不患無位，患所以立；不患莫己知，求為可知也。」（《論語・里仁》）不要發愁現在社會上沒有讓你去盡忠的那個職位，真正要發愁的是你自己有安身立命的本事嗎？如果有了這個本事的話，早晚有你的位子。也不要發愁現在沒有人了解你，真正要發愁的是，你有什麼資本讓別人真了解你啊？你得去追求值得讓別人了解你的本領。

但是，你先問問自己，你自己的內心真正建設好了，做好這個準備了嗎？人

們對自己的判斷，有時候很容易在妄自尊大和妄自菲薄這兩端之間游移不定。
我們老在說別人不了解自己，老抱怨世界上沒有伯樂，其實又有幾個人真正了解自己的價值？一個人到底有多大價值？

有一個年輕的弟子去問一位大禪師，他說：「求你指給我一條光明的人生路吧。你說說我的人生到底能有多大價值？」

這個大禪師淡淡地問他：「你說一斤米有多大價值？」

年輕人愣住了，只聽到禪師說：「一斤米，如果在農婦眼裡，它就是兩三碗米飯而已。在一個賣米的農民眼裡，它就是值一塊錢而已。如果這一斤米到了一個包粽子的人手裡，他稍微加加工賣出去，就值三塊錢。它到了一個做餅乾的商人手裡，再加加工，這一斤米就值五塊錢。如果它到了一個做味精的人手裡，提煉提煉，這斤米就能夠產生出八塊錢的價值。它到了一個釀酒的人手裡，他用這個米釀出酒來，這一斤米就可能產生四十塊錢的價值。但是，這還都不是邊，這一斤米的價值還可以再開發下去。不過，米還是那一斤米。你明白了嗎？」

安頓好自己的內心，
實際上是在內心開發和確認好自己的價值。
——于丹心語

其實，禪師講的就是該如何看待人生的價值。每個人來到這個世界上，同樣進入社會，我們人人手裡都有自己生命的「一斤米」，我們是把自己的生命做一兩碗米飯，還是讓自己的生命去釀酒，去提煉加工？如何選擇你的做法，這個權力不在別人手裡，而是在你自己手裡。那麼，我們還會害怕別人不了解自己嗎？其實是你自己不了解自己。我們說，安頓好自己的內心，實際上就是在內心開發和確認好自己的價值。

我們以前說過，孔子認為真君子無非就是不憂不懼。一個人沒有那麼多的憂思和恐懼，是因為他先把自己的心安頓好了，他知道自己的價值何在。

有一個故事說得很好。一個年輕人問一個老者：「這一片無垠的沙灘上，小沙粒就有這麼多，我就像滄海一粟一樣，我怎麼樣才能夠顯示出自己的價值？」

老人撿了一粒沙子，說：「你覺得這就是你吧。我一撒手掉在沙灘上，你還能給我找著嗎？」年輕人說，那當然找不著，滿沙灘都是沙子。

老人又從懷裡掏出一顆珍珠，啪嗒一聲掉在地上，說：「你能給我把這個撿起來嗎？」年輕人說，那當然可以，因為不同啊。他就撿起來了。

老人說：「那你就明白了吧。你怎麼就不能讓自己先做成一顆珍珠呢？如果這

樣，你還怕別人撿不起你來嗎？」

其實，這些故事告訴我們一點，就是《論語》裡面所說的一個道理：「人不知而不慍，不亦君子乎？」（《論語‧學而》）別人不了解你，你就一定要暴跳如雷嗎？一定要著急辯解嗎？一定要向世界證明嗎？別人不了解你，你也不憤怒，這才是君子的情懷。

孔子自己是怎麼做的呢？孔子說：「不怨天，不尤人。下學而上達。知我者其天乎！」（《論語‧憲問》）不怨恨天，也不責備人，自己通過具體的學習，去了解很高深的道理。知道我的，恐怕只有天吧。一切都從自己的生命中尋找建立的依據，而不要動不動就抱怨這是老天不給我機會，這是別人擋了我的路，這才是我們應該有的態度。

真做到「不怨天，不尤人」，那是很不容易的。也就是說，不在外在的客觀環境上去尋找理由，而在內心建立起來自我估價的標準。這就是一顆心的價值所在，只要有這樣的一顆心，建立起自我的判斷，這種忠誠跟著就有了。

我想，在今天這個時代，我們面對的機遇越多，世界越遼闊，我們的忠誠就應該越堅定，越樸素。這就要我們從自己對生命的忠誠開始，抵達對社會，對職業，對他子曰：「躬自厚而薄責於人，則遠怨矣！」
——《論語·衛靈公》

人的忠誠。如果對自己的生命都缺乏一份忠誠，那麼我們的「中心為忠」，其根本又立在哪裡呢？

其實，儒家的經典就是教給我們通過自省而認知自己，找到生命的價值。

有很多人知道自己不好，看見了自己的過錯，但是文過飾非，所以孔子就感慨：「已矣乎！吾未見能見其過而內自訟者也。」（《論語·公冶長》）算了吧，我還真沒見著看到自己錯了，就認認真真反躬自省，去檢討自己有什麼不足的人呢！

也就是說，看到一件事情自己錯了，或者能力不及，我們總是追悔，然後竭力想為自己掩飾，想讓自己心裡好受一點，所以就說，哎呀，這是偶然的一個事故，如果不是誰偶然進來了，或者誰給我搗亂了，誰工作上失誤了，怎麼會導致這樣呢。我們總是不自覺地把責任推到別人身上，我們總是缺少「內自訟」的能力。實際上，我們的內心需要保持深刻的、理性的、不推卸責任的檢討。

我曾經看到一些管理學圖書中介紹說，現在國際上有一些大公司，在一周五天的工作日裡面，會專門定一天為「無藉口日」。讓你五天都不找藉口很難，但是一定要有一天，不管出了什麼樣的閃失，你都不要找藉口。從這一天開始，培養一種良好的職業習慣。

其實，這樣的習慣成了自然，也就達到了孔子所說的那個境界：「躬自厚而薄責於人，則遠怨矣。」（《論語・衛靈公》）一個人多責備自己而少責備別人，那麼怨恨自然就不會來了。時時檢討自己，保持頭腦的清醒，對別人的責怪就少了，這樣就會遠離別人的抱怨。

有一句俗語說，這個世界上哪個不議論人，哪個又不被人議論？大家都會在私下裡議論是非，說長道短。孔子的學生裡面就有這樣的，比如說子貢：「子貢方人。」（《論語・憲問》）什麼叫「方人」？就是議論別人短長。

他的老師孔子針對他，就說了一句話：「賜也賢乎哉？夫我則不暇。」（《論語・憲問》）老師說，賜啊，難道你就已經很賢良了嗎？你已經賢到這個份上，可以去評論他人的短長了嗎？你老師我可沒有閒工夫去評論別人啊。

孔子的這句話多少有一點責備的意思。你子貢真的賢成這樣，能說別人的不是了，可是你自己真的就這麼完美了嗎？這句話也是每個人可以問問自己的。我們可能都沒有達到七十二賢人的境界，我們的眼睛往往只會盯著別人的短處，似乎看別人的短處就反襯了自己的長處，議論他人不幸的時候，自己的幸福感就得到了滿足和延伸。

樊遲問仁。子曰：「居處恭，執事敬，與人忠；雖之夷狄，不可棄也。」

——《論語・子路》

有時候我們議論他人的不幸，往往不是抱著沉痛的悲憫，而是在這種議論之中，讓自己的內心得到一種自足的宣泄。這樣的動機善良嗎？我們總在說，誰今天又失敗了，誰多不好啊，言外之意就是：你看看，我就比他強多了。這就可能遠離了孔子所說的「恕」道了。

由忠到恕，由自己的心推到他人的心，無非就是一個將心比心的過程。你希望別人在背後議論你的短長嗎？所以，真正的「忠」，是從自己內心的一種態度出發，表現到外在，再推及他人，達到真正的「恕」。

樊遲曾經去問老師，什麼叫做「仁」呢？老師回答他說：「居處恭，執事敬，與人忠；雖之夷狄，不可棄也。」（《論語・子路》）老師提了三個標準。

第一是「居處恭」，平時居家過日子，自己閒待著的時候，也要保持著一種恭恭敬敬待人接物的禮儀風格。

第二是「執事敬」，每做一件事，不管是大是小，內心保持著認真敬重的態度，把事情做好。

第三是「與人忠」，跟人打交道的過程中，以忠信作為根本，誠心誠意。這三個標準，「雖之夷狄，不可棄也」，就算是在蠻荒的、不開化的地方，也是不可以放棄子貢曰：「我不欲人之加諸我也，吾亦欲無加諸人。」
子曰：「賜也，非爾所及也。」
——《論語・公冶長》

的。老師說，這就做到仁愛了。

我們看一看，「恭」「敬」「忠」這三個字是一種什麼關係呢？人實際上是內敬而外恭，然後與人交往有忠信。我們老提倡要恭恭敬敬地對人，但是如果內心沒有「敬」，外在的「恭」是做不出來的。「敬」是一種態度，「恭」是一種行為，內敬而外恭，然後與人交往才有忠誠可言。

我們說「如心為恕」，為什麼「恕」這一個字可以終身行之呢？我們用自己的心跟他人的心相比，會比出什麼呢？

子貢有一次跟老師說：「我不欲人之加諸我也，吾亦欲無加諸人。」（《論語・公冶長》）什麼意思呢？子貢說，老師啊，我可不願意別人把他的意志強加在我的身上，當然我自己也不願意把我的意志強加在別人身上。這個世界上，大家各自保持著一種尊敬，誰都不要強加於人，這不行嗎？

其實，這是我們每個人的想法，但孔子知道現實什麼樣，所以孔子跟他感歎說：「賜也，非爾所及也。」（《論語・公冶長》）

孔子說，子貢啊，這不是你一廂情願就能夠做得到的。你不想強加於人，但是別人可能也會強加於你，而在某些情況下，你自己不自知的時候也許會強加於人，所以這不是你一廂情願就能夠做到的事情啊。

我們想想，這個世界上，不要說有很多惡的願望，為了一己的利益去強加於人，形成一種掠奪，就是很多的善意，難道我們不也時常把這些善意強加於人嗎？

在自己的親人之間，朋友之間，我們往往不是用自己認為美好的東西去要求別人嗎？要求別人一定吃什麼，要求別人一定穿什麼，要求別人以什麼樣的方式生活。所有這些，也都是強加於人。

為什麼「己所不欲，勿施於人」這句話會流傳得很廣？因為大家都覺得是這麼個道理，所以總在提醒自己，但是也總是做不到。「恕」為什麼老要提倡，就是因為它好，但是很難。這個「恕」字的出發點是將心比心，然後我們才會寬容些。

> 其實，我們不是說兩千多年前所有的道德標準都適用於今天這個社會。我們知道，寬恕是有前提的，我們並不主張毫無原則的寬恕。
>
> 那麼，在今天我們的生活裡，寬恕的前提是什麼呢？

我們今天這個社會有兩條無形的線，一條是以法律為核心的制度線，它是保底

寬容源自於理解，
就是看一看他人的境遇和自己的生活，
將心比心。
——于丹心語

的；另外一條是以倫理為核心的道德線，它是提升的。如果說，有什麼樣的事情突破了底線，傷害了公民的權利，甚至危及我們的生命，危及我們的尊嚴，那都要訴諸法律。

但是，在法律這條線之上，能夠用道德去解決的，能夠讓我們說服自己心靈的這個部分，才屬於恕道。也就是說，恕道不是無邊的，我們永遠不要以為恕道能夠延伸到法律這條線之下。

在可控範圍之內，我們如何寬容？寬容源自於理解，就是看一看他人的境遇和自己的生活，將心比心。就算是有很多不好的事情不幸發生，某些傷害就擺在那裡，我們該怎麼做呢？孔子曾經說過，「以直報怨」（《論語・憲問》），用一種正直坦蕩的態度來處理，讓它過去，在最短的時間內讓它化解，而不是糾纏不休，以怨報怨。

大家知道，古希臘神話裡面有一個大力士赫格利斯。他有一次在路上碰到一個小袋子，在一個很窄的山路上靜靜地躺在那兒，擋住路了。他走過去的時候，順便踢了小袋子一腳，想把這路面清出來。沒想到踢了一腳，這個小袋子膨脹了一下，變大了，一動不動。赫格利斯生氣了，上去又啪啪踢它幾腳，卻發現這個袋子越踢越大。最後赫格利斯找來一根大棒子，開始打它，打到最後，這個袋子就把這條路給堵死了。

這時候，路邊過來一個哲人，跟赫格利斯說：「大力士啊，你不要跟它較勁了。這個袋子的名字叫『仇恨袋』。仇恨袋的原理就是越摩擦越大。當仇恨袋出現在你路上的時候，你置之不理，根本不去碰它，它也就這麼大了，不會給你造成更大的障礙。等你逐漸走遠了，它就被忘記了。但是，如果你跟它較勁，你越踢它，越打它，仇恨袋就越大，最後封死你的整條道路。」

> 這是一個古希臘的神話。它對我們來說，有沒有意義呢？我們這一生有太多太多要走的路，有太多太多遠大的夢想，仇恨袋就在我們行走的每個路口若隱若現，我們一定要走過去跟它較這個勁嗎？

如何做到「恕」？我想，只有在對這個世界真正體會，知道人生有很多的無助與蒼涼，對自己內心忠誠真正把握，理解他人的艱辛和自己道路的遠大，所有的這一切都做到之後，我們對於怎樣去走這條路，才會得出自己的結論。也只有這樣，對於人生路上的仇恨袋，我們才會找到更好的應付辦法。這個辦法，就是恕道。

美國有一位心理學家阿爾伯特·艾利斯，提出過一個理論，叫情緒困擾理論。這個理論是說，一個人負面情緒的產生，引起人生巨大的困擾，往往不是因為事件本身，而是因為人的信念。

那麼，信念又源自於什麼呢？源自於你對事件的判斷。但遺憾的是，人們往往從一些片面的判斷出發，誇大了負面的因素，你的信念就會有偏差，所以就產生了負面的情緒，進而形成了困擾。也就是說，判斷導致信念，信念導致情緒，情緒導致困擾。

在艾利斯這個理論中，並不是事件本身造成了人的困擾。同樣的事件，不同的判斷會導致不同的情緒投入。

孔子說，忠恕之道，一以貫之。對己對人，都應當是這樣。我們想，如果一個人對自己的心都不能寬容的話，那何談寬容別人呢？你跟自己都較勁，有很多事情過不去，那你看這個世界，肯定處處狹窄。

其實，怎麼看待自己的生命，建立自己內心的價值座標，是你能不能對世界抱有希望和寬容的前提。

有一個故事說得好，有一個人過新年，想買雙新鞋，去各個鞋店挑。他是一個完美主義者，覺得這個鞋店的款式不好，那個鞋店的價錢太貴，等到款式、價錢都合適，又沒有適合他的號碼了，所以挑了一整天，一雙好鞋也沒挑著。

等到黃昏他無比鬱悶地往家走的時候，迎面過來一個坐輪椅的人。他看著這個人，想，這個人連腳都沒有，也就沒有挑鞋子的煩惱，用不著去挑鞋了。

想到這裡，他突然明白了一個道理，人生還有鞋可挑，是多麼幸福的一件事！何必要那麼挑剔呢，你總歸能找到適合自己的鞋子。相比於那些連鞋都沒有機會去挑的人，你總歸是幸運的。

我們看這個世界，該抱著什麼樣的態度呢？我們往往在一種片面的情緒裡誇大了自己的痛苦，跟那個挑鞋的人一樣，一直情緒低落，以為一時挑不著合適的鞋子是多麼大的痛苦。我們想想，要對別人實行恕道，對他人、對世界有寬容之心，前提就是放棄這種跟自己的無謂的較勁，要明白自己的心。

很多時候，人們總會看重不曾擁有的東西，奢望擁有那些華而不實的東西，而對眼前擁有的一切不懂得珍惜。

有一個小伙子，跟一個白髮蒼蒼的哲人訴苦：「你看我現在很年輕，沒有資歷，也沒有財富，也沒有好的職業，我在世界上一無所有，你說我這一輩子的人生多無望一個人如果看到什麼都是本分，那就沒有感激；
如果看到情分更多，那就會有一種珍重之心。
——于丹心語

啊！」

老人說：「你說你沒有財富，那麼如果現在砍你一根手指頭，給你一千塊錢，你幹嗎？」

小伙子說，不幹啊。老人說，給你更多，砍你一根手指頭，給你一萬塊錢。小伙子說，那我也不幹啊。

老人說，如果讓你現在馬上變到八十歲，給你一百萬呢。小伙子說，我更不幹了。

老人又說，現在讓你馬上就死，給你一千萬。小伙子勃然大怒，我都死了，我要那一千萬幹什麼啊？

老人說：「很好，你現在的資產已經有一千萬元了。你想想，剛才所說的一切不都沒在你身上發生嗎？你還如此年輕，這就是你的資本。」

在這個世界上，每一個生命走到今天，走到我們目光相遇的時刻，這都是一種值得感恩的機緣。恕道裡包含一種深刻的心理，就是感恩之心。我們現在過於匆忙動蕩，把太多的東西看作是本分，而不是情分，所以無法感恩。我們知道，一個人如果看到什麼都是本分，那就沒有感激；如果看到情分更多，那就會有一種珍重之心。

忠恕裡面包含感恩之心，這種感恩就是對現在的種種機遇、自己當下的日子、自己身邊的人都抱有深深的珍重和淡淡的感懷。這樣的心情會讓我們對世界更加寬容。

有一次，孔子去了一個地方，叫互鄉。「互鄉難與言，童子見，門人惑。」（《論語・述而》）這個地方的特點就是人們難於互相溝通，誰去了都很難溝通，偏偏孔子去了以後呢，見了那兒的一個小孩子，還聊得挺高興。這就引起他的學生很大的不解。

學生很奇怪，老師你怎麼能跟那兒的人溝通，而且還跟個孩子聊起來，聊什麼啊？孔子說什麼呢？他說：「與其進也，不與其退也。唯何甚！人潔己以進，與其潔也，不保其往也。」（《論語・述而》）

這幾句話什麼意思呢？「與」，在這兒是肯定、贊許的意思。這個世界上人無完人，固然大家都有缺點，但是也不會有一個渾身上下全是缺點的人，也沒有一個地方說那兒的人難溝通，那個地方的人全都冥頑不化，所以你總歸能看見一些優點吧。孔子說「與其進也」，就是你多去肯定他身上那些進步的地方，能夠往前走一步而符合潮流的東西；「不與其退也」，他身上就算有很多的毛病、缺點，退步、落伍的東西，你不肯定他不就完了嗎？也就是說，你忽略他退步的那一部分，去肯定他進步的

> 互鄉難與言，童子見，門人惑。
> 子曰：「與其進也，不與其退也。唯何甚！
> 人潔己以進，與其潔也，不保其往也。」
> ——《論語・述而》

那一部分。

孔子還說了三個字：「唯何甚！」幹嘛非得要較真呢？一定要那麼苛責嗎？一定要做得那麼過分嗎？你幹嘛一定抱著挑剔的眼光說這兒不好那兒不對呢？何況一個無知的孩子，你把他批得體無完膚，你就是聖人嗎？

孔子從不炫耀自己的聖明，但他博雅的情懷會使他對所有人抱有深刻的同情和尊重。孔子說，人都有向上之心，人家改正了錯誤以求進步，我們要肯定他改正了錯誤，不要死抓住他的過去不放。人們都希望自己的心是乾淨的，心是清潔的，這樣才好往前走。現在他有向善之心，你就要好好鼓勵他，這樣他才有未來。你為什麼指指點點非要說他過去做過什麼，他以往有哪些污點，有哪些劣跡，一定是洗不乾淨的呢？孔子說，他那些過去的事情過去就過去了，這叫「不保其往」。

「恕」這一個字行之終身，說出來容易，但具體該怎麼做呢？我們說，孔子在好多地方都是這麼做的。孔子就是本著這樣的態度，可以在一般人都認為難溝通的地方，而且還是跟小孩子，可以溝通得很好。

現在這個社會，人們都住在鋼筋水泥的叢林裡，一個一個單元，門都關得緊緊的，不像大雜院的時代，大家都嘻嘻哈哈在一起，各家各戶幹什麼大家都知道。現在，每一個人越來越封閉了，人跟人的溝通越來越艱難了。

其實，真正艱難的不是物理意義上的障礙，而是心靈上的藩籬。心靈上的藩籬何在呢？在於我們自己的苛刻和挑剔，在於我們缺少一種推己及人的恕道。如果你老看到別人的不好，你眼神中就隱隱地帶著不屑，這樣的話，你能夠有一種真正的坦率忠誠去面對別人嗎？你肯定做不到。

推己及人，人跟人的溝通有時候就是這麼簡單。

我曾經看到過一個故事，一位大文學家，他匆匆忙忙走在路上，遇到一個老乞丐，在寒風裡跟他伸手乞討。這時他摸遍身上，想掏出點錢來給這個老人，偏偏他那天分文沒帶。

他看見那個老乞丐一直在瑟瑟寒風裡伸著手，就特別內疚地握著老人的手說：「兄弟啊，我真是對不起你，我今天沒帶錢。」

那個老乞丐一聽這話，精神陡然一振。他看著這個衣冠楚楚的人，說：「老哥，你是叫了我一聲『兄弟』嗎？我已經很知足了，這比你給我什麼都高興。」

其實，我們也許不會以這樣的方式在世界上乞討，但是，實際上我們都隱隱地希望得到一種肯定，希望別人給你這樣一種關懷。這是人之常情。有時候，恕道僅僅就

是一個真誠的溝通，它真的很簡單。你實行了恕道，你就會對很多事情持著樂觀的態度，而不是抱著仇恨的態度。

有時候，人生的好機遇可能會被壞心情放走。一個人遇上不好的遭遇，最好也要保持好心情，也許會等到轉機。

有一個故事說，一個特別嫉妒、特別貪婪的人，有一天他遇到了上帝。上帝說，我給你一個機會，你想要什麼我就給你什麼，你就開口吧。但是我有一個前提，就是我給你一份，同時就給你的鄰居兩份。

這個人非常貪婪自私，而且他一直嫉妒他的鄰居。他先想說，我要田產。但又一想，我就算要了一千畝，那他們不是就有兩千畝了嗎？不行。

他想說，我要金錢。但是又想，我要是要了一千萬，他們不是有兩千萬了嗎？還不行。

他想說，要美女。可是，我要是要了一個，他們不是有了兩個嗎？那更不行。

他想來想去，就一直處在這種嫉妒、仇恨中。

最後，他把這個唯一的機會表達成什麼了呢？他咬牙切齒地跟上帝說，那你把我的一隻眼睛剜掉吧！他想，這樣的話，他周圍的人都要被挖出兩個眼珠。

這只是一個假設的故事，但是，它有沒有意義呢？我們想想，如果我們真的遇上神話一般千載難逢的機會，首先想到的是完美的建設，還是可怕的復仇？人生不可能沒有磕磕絆絆，不可能不會遇到一些冤家對頭，但是我們真的會把一生都用來擊打仇恨袋嗎？我們真的會把一個唯一的機會表達為「你剜掉我的一隻眼睛」嗎？

這個故事聽起來很可笑，但是想一想，有時候我們真的就在做這樣的事情。不是嗎？對於故事裡的這個人來說，這個可以允諾他美好一切的機會一旦錯過之後就永不再來，可能他的心態就決定了他將擁有的會是新一輪的仇恨、抱怨和遺憾。

什麼是恕？就是推自己的心到他人的心，以感恩的情懷在這個世界上共同建設美好生活。這樣的話，對別人的過錯你就會像孔子那樣不苛刻，不挑剔。孔子曾說過：「過而不改，是謂過矣。」（《論語・衛靈公》）不小心犯了錯誤趕緊就改了，這還好說；錯了以後，文過飾非，拚命地掩飾，就是不改正，錯上加錯，那就真叫錯誤了。

孔子又說：「（君子）過則勿憚改。」（《論語・學而》）君子錯就錯了，千萬別怕改。子貢也曾說過：「君子之過也，如日月之食焉：過也，人皆見之；更也，人皆仰之。」（《論語・子張》）君子的過錯就好比日月之食：你錯了，每個人都看得見；你

> 與他人一份情懷，與自己一份方便；
> 給世界一份溫暖，給自己一份寬和。
> ——于丹心語

改了，每個人都仰望著你。你的地位和威望不會因為你的過錯而動搖，只要你改正了，大家照樣尊敬你。

由對自己的忠推及到對他人的恕，有時候僅僅在一念之間，需要我們用心去把握。我們說，與他人一份情懷，與自己一份方便；給世界一份溫暖，給自己一份寬和。

有一個阿拉伯故事說，兩個朋友出門做生意，他們要經過廣闊無垠的沙漠、石灘。有一天，兩人爭執起來了，一個人憤怒地打了另一個人。被打的這個人很鬱悶，就在流沙上寫了一行字：「今天我的朋友打了我。」

兩個人又往前走。到了深更半夜，暴風夾著流沙吹來了，他的朋友先醒了，趕緊推醒他說，咱倆趕緊逃生。兩個人跑到了一個溫暖安全的地方，躲在一塊大石頭後面。這個人拿出小刀，在石頭上刻了一句話：「今天我的朋友救了我。」

他的朋友很奇怪，說，我打你的時候你怎麼寫在沙子上，我叫了你這麼一聲你怎麼就刻在石頭上了？

這個人說，在這個世界上，我們難免受到傷害，被傷害了就要宣泄一下，不過要寫在沙子上，反正風一過，流沙就平了。這些傷害最好被遺忘。但是，別人對你的好，這要銘刻在心，刻在石頭上，它就永遠留在心裡。

這個世界上，有過傷害，但也有過很多的恩典，我們要以什麼樣的心去分別面對呢？就看你把哪些寫在流沙上，把哪些刻在石頭上。

有些人的一生用來銘刻仇恨，所以他很難得到幸福；有些人的一生用來銘刻幸福，所以他的生命充滿感恩。

把你的不快、你受到的傷害，寫在流沙之上，當作你的宣泄。這樣做，難嗎？其實不難，就在於你心中的忠恕，在於一念之間。

禪宗有一個故事，有一位老僧在打坐的時候，進來了一個武士。這個武士長途跋涉而來，想要知道天堂和地獄到底在哪裡。

他一進來就喊道，老和尚，你告訴我，天堂和地獄到底在哪兒？你睜開眼，趕緊回答我！

老僧睜開眼睛看了看他，說：「你這樣一個人，衣衫不整，如此傲慢，如此粗魯，還配來問這樣的問題？」

天堂和地獄，就在一念間。
——于丹心語

忠恕，簡單來說，
就是忠誠於自己，善待他人。
——于丹心語

武士急了，拿出自己的武器，上來要打老僧，手剛剛舉起來，老僧告訴他說：「明白嗎？這就是地獄。」

這個時候，武士突然明白了。他的手停在半空中，看著這個老僧，臉上露出慚愧之色。

這時候，老僧又靜靜告訴他說：「現在就是天堂了。」

天堂和地獄，就在一念間。

我們想想，天堂和地獄作為一種象徵，都隱藏在你的生命裡，就看你自己用什麼樣的方式表露出來。你有忠恕之心，行走於世界之上，也許就會有更多天堂的日子。反之，如果你怨恨，你苛刻，很難想像你能親近天堂。

忠恕這樣的道理，孔夫子在兩千多年前就一以貫之地實踐過。簡單來說，就是忠誠於自己，善待他人。以這樣的心生活在這個社會，不管這個世界如何紛亂，如何迷茫，我們每一個人都會活得自在一些。

這樣的一生，相信就能把握在我們自己手裡，因為有我們的一顆心在。

于丹《論語》感悟之七

仁愛之道

不足一萬六千字的《論語》翻下來，「仁」這一個字前後被提到有一百零九處。

可以說，仁愛的思想是儒家哲學裡基石下的基石，重點中的重點。

那麼，究竟什麼是仁愛呢？我們怎樣去獲得仁愛？仁愛，又有著怎樣的力量？

仁者愛人，
就是用一種發自內心的善意去對人好。
——于丹心語

不足一萬六千字的《論語》翻下來，「仁」這一個字前後被提到有一百零九處。可以說，仁愛的思想是儒家哲學裡基石下的基石，重點中的重點。那麼究竟什麼是仁愛呢？

說起來很簡單，學生問老師孔子，什麼是仁？老師只回答兩個字：「愛人。」仁者愛人，就是用一種發自內心的善意去對人好。

「仁」這個字就四畫，單立人加一個二，所以有種說法叫做「二人成仁」。什麼意思呢？就是仁愛從來不是一個單人的狀態、一個自我的狀態，孤獨的、自我的、封閉的環境下是談不到仁愛的，仁愛一定是你旁邊還有別人，只有在人和人的關係中才能看出是否有仁愛。

一個有仁愛之心的人，就算在他身邊的只是一個路人，他的臉色也是溫和的，有一種暖意。如果他心中沒有仁愛，就算是面對他的父母和孩子，他也經常會跟親人發生衝突，甚至開口就罵，舉手就打。

二人成仁，有仁愛之心，一定會流露在跟別人的態度上。

> 我想，仁愛首先是一種人格情懷，它應該表現為一種高風亮節，一種胸懷大志的氣度。
>
> 我們這裡說的仁愛，不是婦人之仁，不是那些小恩小愛，而是一種深刻、博雅、有使命、有擔當的遠大情懷。

曾子曾經說過：「士不可以不弘毅，任重而道遠。仁以為己任，不亦重乎？死而後已，不亦遠乎？」（《論語・泰伯》）作為知識分子，他不可以不剛強而有毅力，因為他肩上的責任太重了，道路太遠了。

這個責任是什麼呢？就是「仁以為己任」。將實現仁愛於天下作為一個人的生命擔當，這還不夠重嗎？那要做多久呢？「死而後已，不亦遠乎」，一息尚存你就要這樣做下去，一直到死才算結束，這條路難道還不漫長嗎？

以仁愛作為使命，一個人可以完成天下仁愛的擔承，實際上這就是中國知識分子的出發點。

孔子說：「志士仁人，無求生以害仁，有殺身以成仁。」（《論語・衛靈公》）也子曰：「志士仁人，無求生以害仁，有殺身以成仁。」
——《論語‧衛靈公》

就是說，仁愛的使命，一代一代傳承下來，當落實在一個生命個體的時候，他個人的性命都是不重要的。這樣一種博大的仁愛是他最重的使命，在必要的關頭他可以殺身以成仁。

我們讀古典詩詞，經常會讀到「捐軀赴國難，視死忽如歸」（曹植，《白馬篇》）這樣的句子。也就是說，需要我去大濟蒼生的時候，我可以捨棄生命，可以做到慷慨赴死，因為那是一種壯烈的死。

當一個人的生命被歷史選中的時候，他可以有這樣一種大無畏的氣概。中國的文人經常寫到沙場，寫到邊塞，表達這種身負重任而無所畏懼的氣概。一個人可以在刀光劍影中勇赴國難，這個時候他的生命就會煥發出動人的光彩。這是中國文人的一種精神，也是儒家的一種典型態度。也就是說，仁愛的情懷與使命高於一切。

仁愛不僅僅是一種情懷，它也是人格道德的一種終極追求。在這樣的追求之中，有仁愛在心，他就不只是一個一般的君子，而是可以臨危授命的真正的君子。曾子曾經說過：「可以託六尺之孤，可以寄百里之命，臨大節而不可奪也，君子人與？君子人也。」（《論語‧泰伯》）六尺之孤，就是指未成年的國君。百里是指方圓百里的國家；百里之命，是指國家的命運。

曾子說，有這樣一個人，能夠接受三個方面的考驗，他就是君子了。哪三個方面？當國家有大難，可以把幼君託付給他，讓他陪伴幼君，不僅養護幼君的性命，而且要培養幼君的品德才能，使之能夠重整江山大業，這是一個方面；方圓百里的國家在春秋時代已經是大國了，一個大國的國事可以整個委託給他，這是第二個方面；面臨生死大關口的時候，這個人不動搖，不屈服，這是第三個方面。這些事情都可以託付的人，這個人算是個君子了嗎？曾子斬釘截鐵地說，這可真算得上是君子了。

我們經常說，關鍵時刻能夠挺身而出的英雄，他平時一定是有儲備的。英雄行為有時候只在一個瞬間，但是考驗的卻是他平時的人格。仁愛就是這樣一種日常的涵養，在生死危難的關口，使人可以有如此無畏的表現。

我們每個人都會遇到突如其來的考驗。一個人如何能做到臨大事而不亂，最終能夠戰勝風險，這一定跟他平時的涵養、陶冶相關。

孔子說：「歲寒，然後知松柏之後凋也。」（《論語・子罕》）到了隆冬的天氣，你看一看樹木的葉子，先是闊葉嘩啦啦都掉了，再是比它小一點的葉子掉，最後掉下來的是針葉。

為什麼呢？因為在樹木中，葉片越大，它對這個世界索取越多，對吧？它需要有沉甸甸的水分、養分，養著一片一片的大葉子，所以到了春夏之際，滿目蔥蘢，闊葉最好看，最風光，最炫目，但是它往往是最先凋落的，因為它需要的太多，它支撐不住自己。比它葉片小點的呢？就隨後一點掉落。需求越少，越能挺立枝頭，越能頂風傲雪，那就是松柏的葉子，就是我們說的那種針葉，因為就是那麼細細的一條葉子。它不需要太多的水分、養分，它不需要索取更多，所以它就能夠禁得住嚴冬考驗。

為什麼中國的文人有「歲寒三友」之說？人們所選擇可以象徵文人氣節的都是這樣謙遜的，有自己內在的筋骨，不妥協，但又很平易、簡單、索取特少的植物，松柏其實就是這樣一個象徵物。

人只有經過平時的陶冶，才能夠擁有在重大關頭禁得住考驗的氣節。仁愛，首先是這樣一種大情懷、大胸襟，一種高風亮節，涵養於心。

其次，仁愛也是一種非常具體的行為方式。有了仁愛，這個人舉手投足之間都會有所表露，可能在這一方面，也可能在那一方面，點點滴滴，但都以仁愛為根本的出發點。

孔子說：「有德者必有言，有言者不必有德。仁者必有勇，勇者不必有仁。」（《論語・憲問》）什麼意思呢？第一句話是說，一個真正有道德情懷的人，內心是柔

軟的、豐富的、強大的、博雅的，那麼他一定會有很多相應的言辭表達出來，但是你看，一個語言技巧很好、只會夸夸其談的人，他不一定有道德。

「仁者必有勇，勇者不必有仁」，也就是說，一個真正有仁愛的人，他知道應該如何去實現生命的價值，當然有真正的君子之勇。他是臨危不懼的，他的勇氣表現為一種闊大的氣象。但是，你看那些匹夫，動不動就拔劍相向表現出自己的「義氣」，他可以是勇的，卻未必是仁的。

從這些表述可以知道，「仁」是一種人格的基礎，但「仁」也是我們平時可以看到的點點滴滴的具體行動。

儒家的經典就是這樣發人深省，它既給你一個遼闊的境界，同時也給了你到達那個境界的可行之路，一切都在日常點滴之中。

我們說，《論語》有意思，就有意思在它是課堂筆記，有很多問答，把學生的迷惑和探索都呈現出來了。

學生原憲這樣問孔子：「克、伐、怨、欲不行焉，可以為仁矣？」（《論語・憲問》）什麼意思呢？克，表現為一個人好勝，爭強，老想超過別人，就是有好勝之心。伐，就是誇口，夸夸其談，總在那兒說。怨，就是嗔怨，心中有不平事，表現出一種嗔

> 你克制自己不好的地方，你的心就會平和下來，
> 一旦平和了，仁愛就會流露。
>
> ——于丹心語

怪、埋怨，總覺得別人不好，世界不公。欲，就是我們內心的貪欲，所謂欲壑難平，自己的欲望太多。學生說，這四樣東西都是不好的，如果一個人能把好勝、自誇、怨恨和貪心這四種毛病全都給戒掉了，那他算不算做到仁了呢？

實際上，這樣做很難，這個標準已經很高了，但是孔子淡淡地回答說：「可以為難矣，仁則吾不知也。」（《論語・憲問》）孔子說，要是這些都做到了，我覺得真不容易，可以說是難能可貴了，至於這是不是就達到了仁的標準，我還是不敢說。

從這樣的說法來看，我們會覺得，「仁」好像離我們挺遠啊，平常人認為不容易做到的事都做到了，為什麼還沒達到仁呢？

我們知道，仁無非就是我們跟世界相處的一種狀態，它從我們的行為上表現出來了，你克制自己不好的地方，你的心就會平和下來，一旦平和了，仁愛就會流露。

當一個人過分以自我為中心的時候，他又好勝，又誇口，又對別人有那麼多埋怨，自己還欲壑難平，他怎麼可能去愛別人呢？所以，把這些東西戒掉，首先是讓人放低自己的姿態，然後才有可能與人和諧相處。

放低姿態，對於做到「仁」來講，是一個最基本的態度，所以孔子的回答會那麼謹慎。

有一個故事，說一個村子裡面有一個盲人，只要是夜晚出來，他走到哪兒別人都知道，因為他有個習慣，夜晚出門一定要打一盞燈籠。村子裡的人都習慣於在黑暗中行走，看見有燈籠就知道這個盲人出來了。

後來，有外地來的人看到這件事，就唏噓感慨，這個盲人的品德太好了，他自己沒有光明黑暗之分，但深更半夜出來，他總要操心別人看得見看不見，總要為別人打一盞燈籠，這個人多高尚啊。

這個盲人聽後就淡淡地說，因為我是瞎子，我不希望別人撞到我，我打燈籠也是為我自己。

我們想一想，這不就是一個人行走於這個世界的道理嗎？打一盞燈籠，客觀上是給別人照亮了路，其實主觀上也給自己規避了很多風險。

我們誰敢說，在這個世界上，在這個布滿了蒼茫景象的世界上，我們都是明眼人呢？我們都能洞悉一切事項，規避一切風險嗎？有時候為了讓別人方便，打著燈籠，別人看見路了，躲開你了，你自己的風險也就沒有了。

仁愛是什麼？

有時候，仁愛是一種身體力行、點點滴滴的行為，它不僅讓別人受益，也會讓自己有收穫。

實際上，孔子也曾經直截了當告訴人們怎麼做才算做到仁愛。「子張問仁於孔子。孔子曰：『能行五者於天下為仁矣。』『請問之。』曰：『恭、寬、信、敏、惠。恭則不侮，寬則得眾，信則人任焉，敏則有功，惠則足以使人。』」（《論語・陽貨》）

子張問孔子，請老師給我說說怎麼能做到仁。孔子說，能夠處處實行五點品德，你就做到仁了。子張就問，老師講講是哪五點？老師說，恭、寬、信、敏、惠。這樣五點，我們一一來說：

第一點就是「恭」，為什麼要恭呢？孔子說，「恭則不侮」。這句話大有深意。用現代漢語翻譯出來，就是一個人對世界、對他人保持必恭必敬的態度，那他就不會輕易招致侮辱。我們想想，是不是這個道理？

人人皆有尊嚴，我們到這個世界來都希望被尊重，不被誤解，不被攻擊，不會無

端地遭受羞辱，但是怎麼做到？有兩種方式，一種是自尊心過強，甚至表現為敏感多疑，永遠都繃著勁兒，只要有人嘀嘀咕咕，他就覺得是說自己呢；只要有人言語中稍微不留神提到什麼，他就問，你影射誰呢？這是一種態度。

還有一種態度，就是對所有人都寬和、恭敬。

我們想想，哪種人更容易保有尊嚴呢？尊嚴這東西就是這樣，你越拿著它，越看著它，它越脆弱，但是你把它放在心裡，表達為一種從容謙和的態度，那麼它就存在。

真正的「恭」永遠與「敬」相連。也就是說，能夠對別人恭的人，他是鬆弛柔軟的。打個比方說，去弓箭店買一把弓，就會看到櫥窗裡最漂亮的良弓，擺在那裡。那張弓永遠都是拉開的，拉得滿滿的，撐在那兒，非常漂亮，剩下的那些弓都在牆上一把一把地掛著，不拉開，當然不漂亮。如果有客人說，老闆，我一定要買你櫥窗裡展示的最好的弓，我就要那個樣品，因為就它漂亮，它一直繃在那兒，處在最飽滿的狀態；那些掛在牆上疲疲沓沓的弓，我不要。

負責任的老闆會悄悄告訴這個人，你別要那個樣品了，它天天那麼繃著，你真買回去一拉，它頂多能射出四十公尺；牆上那些弓都很鬆弛，都那麼養著，你用同樣那麼大力氣，它可以射出九十公尺。為什麼？因為它不老繃著。

我們的生命也是一樣，有些人生來就強烈需要別人的尊重，老要繃出一副完美的姿態，有時候就表現為太有攻擊性。這樣的人反而容易招致一些攻擊，甚至是羞辱，因為他過於挑剔，過於緊張。

我們想想，你走出家門的時候，你在工作團隊裡，你在對客戶的關係上，不能過於緊張，就是你在家裡，也不能老緊繃著。比如勞累了一天，晚上進家門，或者是媽媽，或者是太太，在廚房炒菜，看見你回來了，高高興興端上一盤菜說，你嘗嘗今天這菜怎麼樣？你可能是很挑剔的人，吃了一口就很不高興，說，今天這個菜怎麼這麼鹹啊，打死賣鹽的了？你媽媽或太太心裡不就咯噔一下？可能她忍住了，端出第二盤菜說，那你嘗嘗這個。你又吃一口說，今天這菜炒老了，以後等我進門再炒，別悶在鍋裡。這會兒她想端第三盤菜，你瞟一眼就說，這倆菜怎麼搭配在一起？這兩個不對，炒錯了。

你對每一盤菜都這麼挑剔，那麼脾氣再好的人，就是你的親人，最後也只有把圍裙一甩，躲起來了，這頓飯你就別吃了。我們想想，這樣緊繃著的人，能換來別人對自己的尊重嗎？

他人的面容永遠是我們表情的一面鏡子。
你和顏悅色，別人對你就笑語春風；
你怒目相向，別人對你就怨氣沖沖。
——于丹心語

什麼叫「恭則不侮」？凡人凡事，沒有功勞還有苦勞，尊重一點別人的辛苦，就會贏來一個很好的局面。同樣是這樣一餐不完美的飯，如果你進門高高興興招呼老人和孩子，一起來吃，說聞見香味了，大家趕緊上桌，其實大家可以吃得很快樂。

我們對世界的態度，也促成了世界對我們的態度。他人的面容永遠是我們表情的一面鏡子。你和顏悅色，別人對你就笑語春風；你怒目相向，別人對你就怨氣沖沖，所以我們想得到善的待遇，就先要以恭敬之心去面對他人。這就叫「恭則不侮」，這是孔子說的第一點。

第二點叫「寬則得眾」。恭敬之心，自然會帶來寬和的態度。寬可不容易啊，禪詩裡面有一句說得好，叫「眼內有塵三界窄，心頭無事一床寬」，眼睛要是被一點塵埃蒙住了，你會覺得在人世間活得很鬱悶，但心頭要是沒有事，坐在一張床上也能覺得天寬地闊。所以，寬與窄跟你現在住的房子是六十平方公尺還是二百平方公尺關係不是太大，跟你怎麼看待生活則關係很大。

你怎麼來對待這個世界呢？同樣的生活，不同的解釋，境界就大不一樣。

有一個故事很有意思，說有一個小鎮，德高望重的智者坐在村口，來來往往的人都在跟他打聽尋找同樣的目標。什麼目標呢？就是尋找世界上最好的居住地。

同樣的生活，不同的解釋，
境界就大不一樣。
——于丹心語

先過來一個人說，我想問問你們小鎮適不適合我居住。我原來那個小鎮不好，鎮上的人都很自私，很狹隘，每一個人都蜚短流長，他們都不完美，人人都有缺點。我在那裡有無數的磕磕碰碰，周圍全都是仇人。我已經住得特別不耐煩了，所以我一定要找一個特別美好的地方，每一個人都是道德君子的地方。

老人聽了聽，說，對不起，我們這鎮上住的人跟你原來那地方的人一樣，你接著往前找吧。這個人很失望，又急匆匆往前去找。

第二個人過來了，說，我在找一個最好的小鎮。他說，我原來那個鎮就特好，但我不得已要搬出來。我很懷念原來那個地方，那個鎮上的人都溫柔善良，大家都很樸實，互相來往。我在那兒，人緣一直都很好，但是現在不得已離開了，我心裡面充滿眷戀。我就想還找一個那樣的地方。

這老人說，那你找對了，我們鎮上的人跟你原來鎮上的人一樣，你就住這兒吧。

同一個鎮子，老人的答案不一樣，說明了什麼呢？老人是針對尋找的人的不同來分別回答的。你心地善良，所見無不是善人；你心胸狹窄，那麼所見也就無不是惡徒了。

一個心寬的人，看到的世界一定是寬闊的境界；而一個小心眼的人，看到的世界

一定是狹窄的天地。

比如說，大家一起出去玩兒，到一個旅遊點，總會有人覺得這個地方好得不得了，也總會有人覺得這兒差得不得了。同樣一個地方，評價會完全不同，這就是寬與不寬。

我曾經在一本女性雜誌上看見一篇特別好的文章，叫〈上帝開著一間美容店〉。文章說，女人都怕衰老，都希望自己漂亮，希望青春常駐。告訴你一個秘密，漂亮不漂亮就看你去沒去過上帝的美容店。

上帝的美容店管什麼呢？它不管這個女人穿的衣服是不是很昂貴，但是它讓她一定衣著得體；也不管這個女人是不是長得很漂亮，但是它讓她臉上經常有微笑，讓她待人一定是溫和的、優雅的、謙恭的。這個美容店，既給人美容，又教人禮儀。

這篇文章最後說，這家上帝的美容店，如果你去得多了，久而久之你就會是一個青春不老的女人。這個說法其實也在印證一個道理，就是你對別人寬和，你會換來世界給你的一個回饋。這個回饋是什麼呢？到處都會有朋友，大家都會喜歡你，這就叫做「寬則得眾」。也就是說，你所經過的每一座小鎮，都是你可以留下來的地方。

「恭」和「寬」指的是人的修養，那麼僅僅有修養就能夠在世界上安身立命嗎？

我們還得有職業生涯，所以孔子說的第三點叫「信」。

孔子說，「信則人任焉」。就是誰有信用，就會得到更多的任用。用今天的話說，你的職業生涯就寬，老有人給你機會。

我自己在大學教書十幾年，對此感受很深。經常有往屆的學生回來跟老師聊天，說自己現在在外面的發展，我就很驚訝地發現，現在發展得最好的那些學生、後勁兒最大的學生，往往不是當年的專業尖子。

在大學四年裡面，甚至研究生三年裡面，一直拿獎學金，排在第一、第二的孩子，一到單位就容易跟人不融合，為什麼？恃才傲物啊，覺得我當年是保送上的研究生，你憑什麼分配我跟本科生幹一樣的活啊？不重視我，我就跳槽了。就這樣，他可能老跳槽，那麼也就無法踏踏實實幹好一件工作。

有些學生資質平平，但是為人篤誠守信，他到一個地方就能守住信譽，給一件事就做好，扎扎實實，一步一個腳印，主管就不斷給他機會。這樣的話，一路走下來，兩年三年，也許看不出來，但五年十年，你就會發現，他越幹越好。這說明了什麼呢？這說明，誠信人品比專業技術要重要得多。這叫「信則人任焉」。

我們知道，學生在走出校門的時候，有一部分專業知識就已經過時了，專業知識

是需要不斷更新的，人品和信譽則永遠是人格的基石。

那麼，是不是守信譽，篤誠，敬業，苦幹，實幹就夠了？不行，還要有智慧。這就是孔子說的第四點，叫做「敏則有功」。這句話說得很簡單，誰敏銳、敏捷，誰就能夠建功立業。

美國曾經有一個窮困潦倒的畫家，他到最貧困的時候，已經連買油漆、畫布、彩色顏料的錢都沒有了，只能靠在街上給人畫廣告謀生。後來他流落到堪薩斯州，在一座教堂裡面給人修補壁畫。這個時候，他已經慘到晚上只能住在一個破敗的車庫裡。

那車庫裡面有一隻小耗子。這隻小耗子經常吱吱呀呀在他身邊跑來跑去，他很孤獨，所以覺得小耗子也是挺好的朋友。

就在這個時候，有一個偶然的機遇就落在他身上。恰好好萊塢要推一部動畫片，尋找主創的設計師，找到他。

他就畫啊畫啊，畫了四、五稿都推翻了。晚上，他坐在車庫裡面，咬著畫筆，盯著畫紙，覺得已經走到窮途末路的時候，那個小老鼠又蹲在他的畫案上，兩隻小眼睛亮晶晶地看著他。他看著這個小耗子，腦子裡面突然跳出一個造型，落在筆下，這就是米老鼠。

「敏」就是能夠抓住無所不在的機遇。
——于丹心語

這個畫家，就是後來大名鼎鼎的迪士尼先生。

車庫裡的一隻小耗子成就了這麼一位大師，成就了米老鼠這個經典的卡通形象。

「敏」是什麼？「敏」就是能夠抓住無所不在的機遇。

「敏」不僅僅是表現在這樣一種敏銳、敏捷上，還表現在一個人對自己生命的自省，對環境的觀察上，能夠防微杜漸。

有些人有時候對變故和風險都能先有知覺，但是也有很多人不敏銳，對變化一無所知。我們知道，很多事情就醞釀在那種漸變之中，先兆往往令人難以察覺。

美國康乃爾大學做過一個著名的實驗，就是把反應極其敏捷的青蛙啪地一下扔進一個滾油鍋裡。這隻青蛙能敏捷到什麼程度？啪一跳，牠就能從油鍋裡面迅速跳出逃生，不被燙死。

但是，如果把牠放在冷水鍋裡，和牠平時待的河水是一樣的溫度，然後慢慢加溫，這隻青蛙就在裡面待著，毫無知覺。等到變成一鍋熱水的時候，牠已經渾身癱軟沒有什麼行動能力了；等到成了一鍋滾水的時候，這隻青蛙就會燙死在裡面。

這個實驗啟發我們，人的「敏」不能僅僅反映在瞬間的應變上，還應該表現在防微杜漸上，對整個日常生活的覺醒之中。

能夠一生都保持著這樣一種敏感的人，對瞬間的、日常的生活都能保持敏捷的反應，「敏則有功」，他是能夠建功立業的。

第五點，叫做「惠」。孔子說，「惠則足以使人」。這句話很像是說給團隊領導聽的，就是說用寬惠之心面對你所有的下屬，你才使喚得動別人。簡單來說，就是不但在精神價值上肯定下屬，還能在物質利益上與他們分享，那你就能夠得忠臣死士。

大家知道，春秋時代楚莊王在位時，楚國國力鼎盛。有一次，楚國王宮中歡歌豔舞的時候，突然間一陣風吹過，火燭全熄。一片黑暗之中，楚莊王聽見有一個美人尖叫了一下。

他問怎麼了，這個美人說，大臣裡面有人調戲我，不過不要緊，我已經把他的帽帶子給揪斷了，大王只要點上火燭，看誰的帽帶子斷了，就知道是誰了。楚莊王沒著急點火燭，他讓在場的臣子都把帽帶子扯斷，之後才點上火燭。這樣，沒有人受到懲罰。

接下來，晉楚兩國打起仗來了，在楚國命運面臨威脅的時候，有一名臣子拚死戰鬥，非常英勇，最後使楚國大勝。

楚莊王很奇怪，問這名臣子，我平日裡沒有給你特別的恩典，你怎麼如此出死力子曰：「不仁者，不可以久處約，不可以長處樂。仁者安仁，知者利仁。」

——《論語・里仁》

呢？他回答說，我就是那天晚上被美人扯斷帽帶子的人，當日醉酒失禮，其罪當死，得到大王的寬恕，所以我願肝腦塗地以報答大王。

什麼叫寬惠之心呢？有時候，你從大局出發，不計較屬下的小過，你就會得到更多的擁護。有這樣一種心態，你就能夠得到一個團隊真正的尊重。「惠則足以使人」，有恩惠之心，你就能夠帶得起這個團隊來。

孔子說，恭、寬、信、敏、惠，這五點如果都做得到的話，「仁」就基本上可以做得到了。「仁」真的很難嗎？不難。它有時候就是一種行為方式，而這種行為方式會給我們的生活帶來一些改變。

一個真正有仁愛之心的人，他可以以此安身立命，所以孔子說：「不仁者，不可以久處約，不可以長處樂。仁者安仁，知者利仁。」（《論語・里仁》）「約」是指窮困的狀態、貧賤的狀態。孔子說，一個不仁愛的人不可以長久地居於貧困中。心裡沒有仁愛的人，讓他長期生活在困頓裡，他是待不長的。他內心會煩躁，會看輕自己，會游移，會找不到自己的歸屬。

但是，如果給他一個很富足安樂的日子，那麼應該就很好了吧？孔子接下來的話更大有深意。孔子說，不仁的人也不可以長久地居於安樂中。你真給他一個富貴安康

的生活，時間長了也會出事。比如說現在，為什麼出現那麼多腐敗的高級幹部啊？這些人算是「長處樂」了吧？也就是說，不仁愛的人給他一個好環境，最後也會腐化墮落，出現危險。

一個缺乏仁愛之心的人，你讓他長期窮困不行，你讓他長期安樂也不行，那麼有了仁有什麼好呢？孔子是這樣看的：「仁者安仁，知（智）者利仁。」也就是說，仁愛的人他的心就安頓在仁愛之中了，實行仁德他就心安，不實行仁德他就心不安；而那些有智慧的人呢，知道仁德對他有長遠而巨大的利益，他便實行仁德了。

孟子曾經說過：「貧賤不能移，富貴不能淫，威武不能屈，此之謂大丈夫也。」（《孟子・滕文公下》）也就是說，能夠「久處約」，也能夠「長處樂」，內心安寧坦然，有仁愛作根本，行走於世界，這就是真正的大丈夫。

所以，從孔子到孟子，都告訴我們，仁愛可以作為一個人安身立命之本。

有了仁愛，你才知道怎麼跟人打交道。孔子說：「唯仁者能好人，能惡人。」（《論語・里仁》）一個人有了仁愛，並不是要去做好好先生，而是只有這樣，他才能夠分出來誰是真正的好人，誰是真正的惡人。仁者的是非判斷是明確無誤的，只有他才能喜歡誰，厭惡誰。

真正的仁愛一定是有準則的，
是是非恩怨都分明，
所以能夠疾惡如仇的人才是心中有大仁愛的人。
——于丹心語

孔子還說過：「鄉愿，德之賊也。」（《論語・陽貨》）「鄉愿」，就是指那些沒有是非觀念的好好先生。誰都不得罪，你覺得這種人好嗎？孔子說，這才是「德之賊」，是敗壞道德的人。就是因為有這些經常和稀泥、沒有是非標準的人，才縱容了不好事情的發生。

我們不要以為孔子提倡中庸之道、提倡寬容善良就毫無節制。真正的仁愛一定是有原則的，一定是是非恩怨都分明的，所以能夠疾惡如仇的人才是心中有大仁愛的人。這就是有是非的人，這就叫「能好人，能惡人」。有仁愛在心，一個人就不會被表面現象所蒙蔽，而是愛憎分明。

有一次，孔子與學生談論誰才是剛毅的人。「子曰：『吾未見剛者。』或對曰：『申棖。』子曰：『棖也欲，焉得剛？』」（《論語・公冶長》）

孔子說，我還真沒見過剛毅不屈的人。有一個學生回答，申棖就是這樣的人。孔子就反問了一句：申棖有太多的欲望，他怎麼能做到剛毅不屈？

當一個人在這個世界上貪婪索取的時候，他能有剛毅的人格嗎？我們知道一個說法，叫「無欲則剛」。當你沒有那麼多的欲求，當你不像那麼多人要討更多滿足的時候，你的生命才真正強大。當你想著我這個地方要有什麼，那個地方要有什麼，總在

周旋於各種社會關係的時候，總在諂媚阿諛的時候，你哪裡有剛毅可言？

> 仁愛是讓一個人可以成就闊大氣象的根本依託，那麼這樣的東西是怎麼得來的呢？
> 《論語》告訴我們，它是可以通過學習得到的。

孔子和他的學生隨時隨地都可以講問傳授人生的道理。「樊遲從遊於舞雩之下，曰：『敢問崇德、修慝、辨惑。』子曰：『善哉問！先事後得，非崇德與？攻其惡，無攻人之惡，非修慝與？一朝之忿，忘其身以及其親，非惑與？』」（《論語・顏淵》）

樊遲跟著老師遊於舞雩臺下面，大家聊怎麼提升個人修養。樊遲問了三件事，第一件事是「崇德」，怎麼樣提高自己的道德修養境界。第二件事叫「修慝」，怎麼樣修正自己的邪惡之心。第三件事叫「辨惑」，怎麼樣能夠給人一雙慧眼，讓人去偽存真，於迷惑之中有所分辨。

這三件事很難，所以老師感慨，問得好啊。他用了三個反問句，來點撥樊遲。

首先，孔子說，「先事後得，非崇德與？」一個人，遇到任何一件事，都好好地先去做事，把它做到位，做完美了，然後再去考慮自己的名譽、報酬，這叫先事而後得。所有的事你都先盡心去做，然後再想你的所得，這樣不就提高自己的道德境界了嗎？

這個道理很簡單，我們都會用得上。是不是？

孔子又回答第二個問題，怎樣做到「修慝」？慝，就是奸邪的意思；修慝就是克服邪念、改正錯誤。老師說，「攻其惡，無攻人之惡，非修慝與？」這話說得更樸素。

「攻其惡」，就是指你自己那些不好的地方，缺點啊，短處啊，你自己認認真真地把它們改掉。但是，在改正過程中你就要時刻反省自己的缺點，別老盯著別人的毛病，「無攻人之惡」，別指指點點說，你看他還不如我呢，他比我幹得更差勁。主管一批評，就在那兒嘀咕，你憑什麼處分我，那誰還不如我呢。這可不好。孔子說，你先別管別人的缺點，你先改好自己。其實，這就是「見賢思齊焉，見不賢而內自省也」（《論語．里仁》），看見賢人，就作為自己的榜樣，但別跟那不賢的人比誰更賢。如果能做到這一點，這不就改正了自己的缺點嗎？

最後說第三點，「辨惑」。人為什麼會迷惑啊？跟人們一時火起、喪失理性是很

有關係的。所以孔子說，「一朝之忿，忘其身以及其親，非惑與？」他沒告訴你怎麼辨惑，他先告訴你什麼是惑，就是人們出於一時之憤，突然之間火冒三丈，這個時候他是沒理性可言的，他連自己是誰都忘了，這個時候覺得性命也可以不要了，為一個誤會就可能大打出手。這個時候，按民間的說法，就叫昏了頭了，迷了竅了。在火成這樣的時候，也不想想自己家裡上有老母，下有幼子，就大打出手了，這樣做，不僅是忘其身，而且還會連累到自己的親人，這不就是迷惑嗎？

我們想想，一個人如果心裡一直有理性的是非判斷，就不至於出現這種衝動。所以你看，孔子教的課程很有意思，「子以四教：文、行、忠、信」（《論語・述而》）。孔子用四種內容教育學生：歷代文獻、社會生活的實踐、對待別人的忠心，與人交際的信實。在這裡，他就是用平時生活中做人的道理回答學生的疑問，點點滴滴，潛移默化，告訴你怎麼樣去修養一個君子之德。我們說，人們其實可以從點點滴滴中學到仁的品質。

孔子的學生子夏說：「博學而篤志，切問而近思，仁在其中矣。」（《論語・子張》）這個學生算是得老師真傳了，真明白了。他說，廣泛地學習，堅定自己的志向，懇切地發問，而且問的問題別好高騖遠，多問一些跟身邊生活有關係的事，那麼仁德就在這中間了。

也就是說，一個人學習的範圍要博大、情懷要寬廣，但是思考與行動一定要跟當前現實的問題有關，點點滴滴，樸樸實實。如果把學習、志趣和現實問題結合在一起的話，仁就可以實現了。這是一種遠大志向跟樸素行為的結合。

子夏的闡述多好啊！所以我們說，仁愛是可以通過學習而得到提升的一種修養。

我們說，仁愛是一個人發自內心的力量。它能影響別人，也能影響自己。
我們也知道，它可以通過學習得來。
那麼，仁愛會給我們自身帶來什麼呢？

仁愛最終會給我們的生命帶來溫和、雍容、大氣的狀態。每個人終其一生，可以點點滴滴地穿越，終究會達到這種狀態。

就拿孔子來說，在我們的印象裡，他似乎是一個奔走天下、很辛苦操勞的人。但是，他平時的真實狀態呢？「子之燕居，申申如也，夭夭如也。」（《論語・述而》）燕居，指家居的時候，一個人閒待著的時候；申申如也，指一個人的容貌是整潔的；

> 子夏曰：「博學而篤志，切問而近思，仁在其中矣。」
> ——《論語・子張》

夭夭如也，指行動是從容的、舒緩的。孔子閒居在家的時候，容貌整潔，行動溫和舒緩，優閒自在。

你看看，這是一種文雅溫和的姿態。孔子平時就是這樣的，並不像我們想的那樣，永遠都是匆忙的、奔波的。由於他是一個恭敬的人，一個寬和的人，他才會帶著這樣的從容之態。

孔子經常帶學生出去，大家一邊看風景，一邊聊著天，有時候會出現一些有意思的情節。

有一次，孔子帶著子路他們走在春天的山谷裡，忽然見著幾隻野雞。孔子的神色動了一下，野雞很提防，嘩啦啦飛起來了，在天空盤旋，一會兒覺得人們好像沒有什麼惡意，又都刷拉拉落下來了，停在一處。

孔子指著牠們說：「山梁雌雉，時哉！時哉！」（《論語・鄉黨》）你看山上這些個野雞，牠們都得其時啊，能自由飛翔，自由落下。牠們是歡欣的，牠們的生命是融合在這個季節裡的。

子路更可愛，就像對朋友一樣，對牠們拱拱手。這些野雞，又振振翅膀，刷拉拉地飛走了。

真正有仁愛的人，他熱愛山川河流，熱愛四時風物，熱愛跟別人在一起的歡樂時光。

——于丹心語

這只是《論語》裡一個小小的情節描述，但是這樣的描述不讓我們感覺到歡欣嗎？真正的仁人志士，不是那種從書齋到辦公室，看起來像是擔當天下的重責，永遠鐵青著臉，穿著職業裝的人。

真正有仁愛的人，內心一定有他的親人，有他的朋友。他熱愛山川河流，熱愛四時風物，熱愛跟別人在一起的歡樂時光，而他那種柔軟的情懷，可以無所不在，去感染所有的人。

這樣的情懷，也會表現在他的面貌上吧。孔子看上去是一個什麼樣的人呢？學生說，「子溫而厲，威而不猛，恭而安。」（《論語・述而》）你看，孔子的面容，永遠都是溫良的，但是他的內心呢？有他的嚴厲在。你看他，不怒而威，這個人自有他的威嚴；但是，他不會對人有攻擊性。他對人很恭敬，他的恭敬來自於內心的安寧。

你看一個人，他的儀態、舉止都透露出這樣一種內心的力量，流露出從容氣度，這樣的狀態難道不美好嗎？

也許，我們不是每個人都能面臨著三軍可奪帥、匹夫不可奪志那樣的一些大節關頭。但是，我們每個人都面對著生命的流逝，在時光流逝之中，我們難免會感傷，我們每個人都可能被這個世界所改變。所以，生存在這個世界上，我們都要對生命保持

在這個世界上，
我們都要對生命保持一種謹慎，一種尊重，
不斷完善它。
——于丹心語

一種謹慎，一種尊重，不斷完善它。

有一個很簡單的理論，叫破窗戶理論。如果兩輛車擺在同一個車庫，一模一樣，同一天出廠，但有一輛車的窗戶被打破了，那你過十天，二十天，一個月，三個月，你去看吧，那個破了窗戶的車就越來越破，老有人把別的地兒弄壞，不是車門給磕了，就是輪胎被刺了，而好車會一直是好的。

破窗戶理論說的是什麼呢？就是指人們行為的一種指向性。人們會覺得破了的東西會越來越破下去，而好的東西會一直保持完好。仁愛是什麼呢？仁愛是我們在這個世界上所需要保持的一種良好狀態。如果不小心把哪兒磕碰壞了，那就得趕緊補起來，不要讓自己的生命中留著一扇破窗戶。留著破窗戶，就會破罐子破摔，就會越來越破。

仁愛是帶在人們身上一成不變的品德嗎？是不是一旦有了仁愛，就萬事大吉了呢？

不是這樣的。仁愛是一種不斷的積累，它需要我們自身的時時呵護。人在生葉公問孔子於子路，子路不對。
子曰：「女奚不曰：
其為人也，發憤忘食，樂以忘憂，不知老之將至云爾。」
——《論語・述而》

命流光的陶冶之下，如何時時呵護仁愛，會決定我們跟世界之間建立什麼樣的關係。

孔子有時也很傷感啊：「子在川上，曰：『逝者如斯夫！不舍晝夜。』」（《論語・子罕》）我們誰能逃得過年華的流逝？朱熹在《論語集注》裡說：「天地之化，往者過，來者續，無一息之停，乃道體之本然也。然其可指而易見者，莫如川流。故於此發以示人，欲學者時時省察，而無毫髮之間斷也。」

朱熹說，為什麼孔子要說「逝者如斯夫！不舍晝夜」呢？就是用天地自然不停的變化來比喻人生，人生那些過往的已經過去了，而新來的又過來了，沒有一刻停過，這是道體的本來面貌啊；孔子用河水奔流來比喻它，非常明白，就是要提醒人們要時時省察，不可間斷。這就像李白所說：「棄我去者昨日之日不可留，亂我心者今日之日多煩憂。」（李白，《宣州謝朓樓餞別校書叔雲》）我們總是這樣迎來送往，活在似水流年之中，那我們以什麼樣的態度去面對呢？

孔子曾經跟子路說，別人問你老師是什麼人，你為什麼不告訴他，說我是一個發

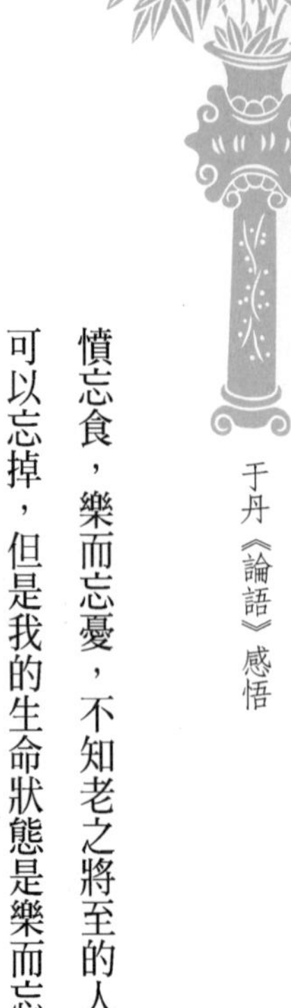

憤忘食，樂而忘憂，不知老之將至的人呢？我在我該做的事情上發憤努力，連吃飯都可以忘掉，但是我的生命狀態是樂而忘憂的。人為什麼老讓那麼多憂思繚繞縈回於心呢？人不能活得快樂從容一點嗎？如果這樣面對似水年華，那我是不曉得衰老會要到來的。

當然，在今天，我們都有嚴格的上班時間，有自己的職業生活，不能像孔子那樣滿世界遊學，又怎麼能做到他那樣樂而忘憂呢？

孔子又有這樣一句話：「知之者不如好之者，好之者不如樂之者。」（《論語・雍也》）也就是說，我們這一輩子總要選擇做點事，但是這裡面有三個不同的層次。你可以看看自己在哪個層次上。

首先是「知之者」，對你的職業、行業，你有了解。這容易，現在去讀一個專業，拿一個文憑，考一個資格證，這都算「知之者」。這是第一級，你能掌握技能。比這高一個層次的叫「好之者」，就是你真正熱愛它，你願意把自己的生命投入其中，你願意廢寢忘食，把自己連工作之外的休閒時間也都投入進去。這樣的人呢，固然在這個事業中可以完整地去實現自己，但是這種投入未免太過沉重。你可能會忘記這個世界的風花雪月，你可能犧牲了很多跟家人共度的時光。這個境界還不是最高的。

最高的境界，叫「樂之者」，就是在這樣的一個事業投入過程之中，你感覺到生命被提升的大歡樂。也就是在這裡面，你的心是舒展的，你是被成全的。你享受這個過程，你不僅創造事業，而且創造自己。

其實，一提到仁愛，不是說我們就要去殺身成仁。那只是指極端狀況之下的選擇。在這個世界上，如果苦難沒有來臨，人沒必要刻意去尋找；但是在苦難來臨的時候，人可以坦然不畏懼。

在我們的日常生活裡，仁愛之心就是讓我們擁有這樣一種跟世界的關係，既不是對抗，也不是妥協，而是讓自己跟世界融洽在一起。

就像那個著名的寓言，同樣的一鍋沸水，你投進去三樣東西會產生三種不同的結果。扔進去一個生雞蛋，雞蛋裡面是流質的，煮啊煮啊煮出來，最後生雞蛋變成硬的了。這是一種狀態，柔軟的心被世界磨礪得粗糙僵硬，最後變得毫無知覺，很遲鈍了。

第二種，是把一根堅硬的胡蘿蔔扔進去，煮啊煮啊，最後撈出來的是軟沓沓的熟蘿蔔。這是第二種狀態，人心原來是剛強的，青澀的，有夢想的，最後妥協了，化在

仁愛就是改變我們生命的狀態，
以歡樂的信念去面對世界，
在世界跟自我之間建立一種和諧的關係。
——于丹心語

熱水裡，失去自我了。

第三種，是把茶葉投進去，茶葉在滾水之中煮啊煮啊，最後水也不是水了，茶葉也不是茶葉了，而成了一鍋茶水，你跟世界之間生成一種全新的價值。

什麼是仁愛呢？仁愛就是改變我們生命的狀態，以歡樂的信念去面對世界，在世界跟自我之間建立一種和諧的關係。需要為社會、為國家去承擔使命的時候，臨大節而不虧；而在生活常態之中保持我們的歡愉。這樣的態度，我們每個人都應能做到。

孔子曾經說：「仁遠乎哉？我欲仁，斯仁至矣。」（《論語・述而》）他說，仁愛離我遠嗎？我想要做到仁愛的時候，念頭一動，仁愛就來到我的心中了，我的心中就被仁愛充滿了。

這樣一句話是孔子越過兩千多年的流光說給我們這些後人聽的。我希望，就在今天，就在此刻，讓我們每一顆心對自己說：「仁遠乎哉？我欲仁，斯仁至矣。」

當你真正相信了這件事的時候，仁愛就在這一刻來到我們生命之中；我們被仁愛充滿，我們自己跟這個世界就會變得更好。

代後記：

本色于丹

張越：觀眾朋友們好，歡迎大家光臨「百家講壇」。今天我們將對話于丹。歡迎于丹教授。

于丹：你好，張越。

張越：妳好。去年春節妳就在這兒開講「《莊子》心得」？

于丹：對。

張越：事隔一年，今年春節再開講「《論語》感悟」。和去年比，妳覺得妳自己在心情上有什麼變化嗎？

于丹：變化太大了。其實，這次還不只是和去年春節講「《莊子》心得」相比。這次還是在講《論語》的解讀嘛，那跟二〇〇六年十月播出的「《論語》心得」相比，心情真的有很大變化了。這次再講《論語》，當我走進國宏賓館旋轉門的

時候，心頭百感交集。

第一次講的時候是什麼心情呢？我給你講一個故事吧。我曾經看到一個故事說，大概在兩百多年前，有一個數學系的大學生，不到二十歲的小伙子，他很聰明，學習也很用功，老師就給他吃偏飯，每天給他多留三道題，讓他回去自己做。這孩子就天天習以為常地做題。

有一天，他把三道題做完以後發現書裡頭還夾著一張小條，也是一道題，只許用直尺和圓規做出一個正十七邊形來。他想，這大概是老師多給他留了一道題。他就開始做題。

這道題挺難的，他整整熬了一夜，直到天亮才做出來。他就拿著作業，晃蕩晃蕩回學校交卷。他把作業往老師那兒一放，老師一看就開始哆嗦，問他，這題是你自己做出來的嗎？

他說，是啊，這題挺難做的，我花了一宿。老師說，這道題是一道兩千多年前的題啊，阿基米德沒做出來，牛頓也沒做出來，我最大的夢想就是這輩子把它做出來，所以我走到哪兒都在書裡夾著這張紙條，但我到現在也沒做出來。我不小心把它掉到你那兒了，你居然就把它做出來了。

老師一說完，這個學生就快被嚇哭了。學生說，要是老師告訴我這是一道兩千多年來都沒做出來的題，那我肯定也做不出來。

這個學生就是後來被稱為數學王子的高斯，高斯也是因為這道題而一舉成名。

我當然沒有高斯那個才華，但是我覺得，當時萬衛老師扔給我這張紙條，讓我講《論語》，我確實不知道這是什麼樣的一道題，不然我肯定不敢拿。我想我第一次開講，有一半因素是被萬衛老師蒙來的。我跟他熟，跟「百家講壇」也熟，他就跟我說，現在有不少備選的主講人要來「百家講壇」講《論語》，你不是教傳媒的嗎？以前也老來這兒跟我們聊天，對我們的節目有很多建設性意見，對很多主講人的講法都有自己的看法，那妳也來錄一下，錄完後我給有關主講人看看，我們大家一起商量一下這個東西怎麼講能更有點意思。

我記得當時我從學校就來了，穿著現在到處都能看得見的綠條西服那一套。那是我上班時的衣服，裡面穿著一個白背心。我上講臺的時候，導播對我說，你背心上有銀色的花，反光。

我說，那怎麼辦？我沒帶別的衣服。你看我現在上「百家講壇」拎的那個

包，一般都裝著好幾套衣服。但是那時候我不知道，沒衣服可換，最後大家給我出主意說，妳那背心能翻過來穿嗎？當時我想，不就是錄一個樣片嗎？「百家講壇」都是這麼錄的，先錄樣片。我也沒多想，就把背心反穿了。最後正式播出的「《論語》心得」裡，我那背心是翻著穿的，把背面穿前面了，因為前面有花。

我一上來開口就說，嘩啦啦講完了一節內容。大家非常鼓勵我，我說完之後大家都鼓掌，問，于老師，你下次還來嗎？

這時，我就清楚地聽見萬老師在導播臺上說，來，于老師接下來就講《論語》了。我直到那個時候才算是正式接到通知，讓我講《論語》。

張越：今天現場的叔叔阿姨，有前年「十一」期間在這兒聽她講「《論語》心得」的嗎？哦，有。阿姨，于丹她現在的樣子跟上次比差別大嗎？

觀眾：我覺得還可以。

觀眾：我覺得于丹老師在這兒講課肯定跟在大學裡講課不一樣。對我們這些老頭、老太太來說，于丹老師講的東西我們聽著挺新鮮。現在于老師比原來講得更成熟、更老練了。

張越：跟您第一次聽她講《論語》比，您覺得她有什麼跟以前不一樣的地方？

觀眾：沒看出來。

張越：顯而易見的一個事實就沒看出來啊？一年半以前她臉上沒疙瘩，今天臉上可是起疙瘩了。

于丹：對。

張越：這說明了什麼？不是說明中央電視台的化妝品不好，而是說明于丹老師精神壓力很大，休息不夠，是不是？

于丹：對，有這個原因。

張越：是不是這次再講《論語》比上次的壓力大得多了？

于丹：這一次，用《論語》裡的一句話說，叫「臨事而懼」。

張越：害怕了。

于丹：真是懂得害怕了。因為第一次講《論語》的時候，沒想過要講第二次，我就隨手把好講的內容差不多都講完了，這一回再來七講，發現剩下的都不大好講，壓力很大。應該說，這一次我準備得比第一次更認真，更細緻，內在的邏輯性更強，材料更豐富。

張越：妳怕到什麼程度？妳嘮叨嗎？怕的時候。
于丹：不嘮叨，我從小就不嘮叨。
張越：妳不跟周圍人說，嚇死我了，嚇死我了？
于丹：沒有。我是獨生女，我也沒上過幼稚園，沒人可嘮叨，養成了不嘮叨的習慣。但是，我寫日記，自己跟日記本嘮叨。

其實，剛才這位阿姨說得挺對的，就是我周圍的人，我的同事、朋友，也不大能看出來我有怎麼樣的變化。我不是有事就要找人嘮叨的人，我覺得我長這麼大，太多的事情都是發乎心，止乎心，很多東西只有我自己清楚。

好在我一直寫日記，有日記在見證我自己是怎麼變化的。講「《論語》感悟」，我自己也很矛盾。從我自己的狀態上來講，我覺得壓力很大，不太想再講，但是從另一個方面來看，第一次講得很不系統，《論語》中有太多重要的東西還沒有講到。比如說，這次講了孝敬之道，第一次完全沒有講過這個；又講了忠恕之道，這是儒家一個很核心的思想理念；還有講仁愛之道和誠信之道，我想，這些都屬於我們今天社會裡面的一些核心價值，應該從經典中把它們梳理出來。所以，最後我就決定接著講《論語》了。

張越：妳說妳「臨事而懼」，懼什麼啊？

于丹：這種「懼」，我覺得有很多方面。第一個方面，再講《論語》是一種責任。第二個方面，這次開講對自己是一個巨大的挑戰。第三個方面，就是我也懼現在的這種生活狀態。在講「《論語》心得」之前，我就是一個很安靜的大學老師。張越你認識我的時候，我都是在中央電視台講電視傳媒。

張越：對，在開策劃會的時候。

于丹：我已經講了十多年的電視傳媒，這是我的專業。但是，現在各個地方請我的人都是讓我去講國學，講孔子，講莊子。這些內容都是我喜歡的，但是如果讓我不停地講這個，我內心也有懼怕，因為人的時間、精力就是那麼多，我一直講這些，那我的專業又該怎麼辦呢？畢竟我還要給學生上課，我自己還要再進修，那麼時間上就會越來越衝突。在我內心，所有這些都是懼的理由。

張越：聽到妳懼，我倒挺安慰的。我做電視做了十多年，每次錄節目之前都特別害怕。我以為別人都不害怕。我終於發現，大家都以為于丹不害怕，其實她也害怕，我算踏實了。

于丹：有太多人認為張越從來不知道害怕，你看你笑得多有迷惑性啊！現在說起來，

我們都害怕，是吧？

張越：嚇得後背都濕了。

于丹：那是你穿多了。

張越：「知者不惑，仁者不憂，勇者不懼。」（《論語・子罕》）這是聖人之道，但是其實我們還是會懼的。

于丹：對。不過，孔子說到「臨事而懼」這四個字的時候，後面還有四個字，叫做「好謀而成」。也就是說，你遇到一件事，有點害怕，說明你心裡在乎，你認真對待了，但不能怕得連這事都不做了。你要好好用你的智慧，全心投入，認真謀劃，最後把它做成了。由「懼」而到「成」，這個「懼」才有價值。如果「懼」到放棄，它就沒有任何意義了。

張越：二〇〇六年「十一」期間妳第一次開講「《論語》心得」，那時妳覺得這有可能引發一場全國的國學熱嗎？

于丹：當時我以為只是幫萬衛老師一個忙。今天想起來，開講「《論語》心得」這件事對我來說有一點喜劇色彩。後來弄成這麼大的一件事，我真是沒有想到。

我們這個組的主編王咏琴老師曾經私底下給我透露了一個秘密。當時臺裡決定講《論語》，讓她編「《論語》心得」節目，萬衛老師寬慰她說，沒關係，反正經典必須得講，這就算是上面加一個任務，如果這個節目做完後反響不好，不會追究你們的責任。你想，萬衛老師跟我熟，讓我講一個我就講一個，當時我就反穿背心上臺講。萬衛老師沒當回事，還跟王咏琴老師說做不好沒事。我們大家都這樣放鬆。我估計這件事不僅我始料未及，連「百家講壇」也始料未及。我們都覺得要認認真真把這個事做了，畢竟《論語》是經典，對著孔子我們不能不認真，但做完也就完了，後面怎麼樣我估計當時大家都沒想過。

張越：這種事情也是經常有的。我最早走上電視也是這樣，人家告訴我沒找著合適的嘉賓，讓我去當一次嘉賓，幫一個忙，就去了。錄完之後，其實就是讓我做了主持人。我自己當時並不知道，要知道就幹不了了。

于丹：後來就不是幫了，而是一直在這兒忙著了。

張越：對，所以無知者無畏嘛，一開始誤打誤撞就做起來了。

于丹：有畏的時候，你就開始有智了。

張越：妳那次講完「《論語》心得」，我記得在中關村做第一次簽售。我聽敬一丹說，

她去中關村，就老遠地望見一堆一堆的人，車都堵了，她當時的反應是中關村出事了。

于丹：我也以為出事了。我當時想，我怎麼趕上一個出事的時候上這兒來呢？給我耽誤了怎麼辦？

張越：後來妳才知道，那個惹事的就是妳。

于丹：後來接我的那車就直接開到地下車庫，而且把我拉到一部貨梯那兒。工作人員說，妳必須走貨梯上去。我才把這個事跟我聯想起來。我都不能走正常的道路了，而要從貨梯上去，到簽售現場。

張越：《論語》距今兩千多年了，為什麼忽然之間妳在今天這個時刻引發這麼一場熱潮？妳想過嗎？

于丹：我不開玩笑地說，這件事情不是我引發的，而是大家心裡積蓄的東西太多了。我是做傳媒的，起碼知道傳播的時候，只有這個資訊在被期待的時候它才是有用的，才能被接受。如果沒人期待，你一個人在這兒說吧，大家根本聽不入耳。

我覺得，現在人們心裡有著很多很多的困惑，一直都在尋找答案。不能說

《論語》給出了唯一的答案，但是它給我們的尋找提供了一個座標。

我想，所謂對於國學的關注，僅僅看這個世紀之初還是不夠的。我們也不用說兩千多年來有多少巨變，其實就看整個二十世紀，我們經歷了什麼呢？二十世紀一開始，辛亥革命，中國穩定的兩千多年封建帝制一下子土崩瓦解。這是一次革命性的突變，而不是改良式的漸變，它是一次毫不留情的顛覆。

八年之後，出現五四運動，要「打倒孔家店」。當時提出這個口號有它的積極意義，因為要讓西方的民主和科學進來，矯枉必須過正，所以提出這樣一個口號。但是在一定程度上，它把一個相對穩定的思想價值體系打碎了。

接下來，三〇年代，整個民族救亡，持續到四〇年代。從文化學術上來講，那個時候儘管有北大、清華、西南聯大，有一批知識分子在探索努力，但是很多努力只是個人式的，在整個救亡那個大環境裡面無法完成文化的重新建構，無法建立新的價值體系。我們就在這種坍塌的廢墟上忙著救亡救國。

等到新中國建立，五〇年代反右，六〇年代「文化大革命」，而文革後期是批林批孔。在批林批孔的時候，由於一種泛意識形態的比附，儒家思想的地位一落千丈。這次全民性參與的批判，我認為其負面影響比五四運動時期還要

大得多。五四運動是一次精英化的、學理化的運動，而批林批孔則是非理性的運動。

我們還記得，孔子的腦袋那時候被畫得跟土豆似的。孔子之所以叫「孔丘」，就是因為他腦袋長得不平。人們又說他四體不勤，五穀不分，走到哪兒都不認識路。我們所看見的其實是一個被妖魔化的孔子。

一說孔子，就是孔老二；孔老二有什麼思想，就是克己復禮；大家還要把他打翻在地，再踏上一隻腳。但是，我們有幾個人真的知道孔丘何許人，他有什麼思想？我們見到的是一個被妖魔化的形象，完全只是一個被批判的載體，至於他的真實面貌我們已經不關心了。

我們知道，一直被奉為正統的儒家思想，從罷黜百家、獨尊儒術開始，到辛亥革命，這中間它很少遭到全面性的顛覆，而在上一個世紀中，它遭遇了兩次全面性的顛覆，這意味著什麼呢？

孔子只是一個符號載體，他不是全知全能的。儒家思想的遭遇意味著中國文化主體血脈在二十世紀遭遇了重創，出現了斷層。那麼要怎麼去整合呢？在這片廢墟之上，人們心中的困惑太多了。我認為，我們已經用整個二十世紀走過了這麼長的苦難歷程，我們對歷史已經批判得過多。今天，我們要趕快完成一種文化建設工作。這種建設的呼喚，存在於每個人的心裡。

改革開放給中國人帶來一個最好的時機。現在國力強盛，物質生活極大豐富，科技發明很多，那麼這麼多的進步，就能讓我們內心的幸福感得到提升嗎？有時候，人們會由於選擇過多而迷惑。

六〇年代、七〇年代沒什麼選擇，大家心裡都很平衡，但是到這個時候，我們會選擇什麼呢？我覺得今天面對文化建設的呼喚和選擇標準的迷惑，一定要有文化的回歸。關於這種回歸，並不是說儒家文化或者說整個的中國文化變為唯一的精神救贖，大家在上面一下就能找到自信，而是說在這種回歸的歷程中，我們更多地發現內心的願望，找到參照的座標系。當每一個人都進入內心的審視和對中國文化有所領悟的時候，我覺得文化建設的時代正在來臨。這不是意味著它已經建設起來了，而是意味著每個人都開始參與了。我覺得，今天的國學熱潮就是這麼起來的。

張越：妳說到中國整個二十世紀經歷的精神的紛亂及其重構過程，其實不僅僅是中國經歷這個過程，這一百年全世界都在幹這件事情，顛覆傳統，然後價值紛亂，

然後回歸傳統，西方也是經歷這樣一個過程。

于丹：這是一個螺旋形的上升。我認為這種回歸不是一個簡單的回歸，而是整合以後的多元文明的融合，是好事。

張越：就我們中國的現實來說，我們價值多元化，同時又伴著價值虛空。

于丹：對。

張越：妳可能日子過得好了，但是妳心裡會覺得不快樂，所以大家要在精神上找出路，其中的出路之一可能就是回到古典。可以說，這一次的熱潮中，妳作為一個標誌性人物，是天時地利人和的結果，是吧？

于丹：對，天時地利人和。我覺得，也跟我出現的方式有關係，我不是以一個大學教授的身分出現在大家面前的。如果以教授的身分來開講，我應該講傳媒學，但是我講的不是我現在教的專業內容。其實，我只是一個普普通通的中國人，面對《論語》，完成了一次自我心有所得的呈現，進行了一次用普通民眾話語的溝通。我認為，這裡面是非學理性的因素在起作用。

我覺得「百家講壇」是一個大眾傳媒的平臺，它要面對的就是普通的大眾。大家可以說，這個人她不是什麼教國學的大學教授，她就是一個普通中國人，一個文革時期才出生的女人，這一切都跟經典不太沾邊，但是這樣一個人她能讀《論語》，那麼一個農村大媽她有什麼不能讀的，一個中學生他有什麼不能讀的，一個下崗職工他有什麼不能讀的？我都這麼讀下來了，大家願意讀都可以讀啊。

人人都可以用自己的生命去還原一種經典，也就是說，讓歷史活在當下，用生命去啟動經典，這是一種可能性。大家都參與到裡面來了。我覺得，我傳遞的這樣一種可能性，比起我講的內容，其價值要大得多。

張越：妳覺得妳現在講《論語》，講《莊子》，說話方式跟妳以往講課時說話的方式一樣嗎？

于丹：基本上是一樣的。我在大學裡面講課，其實也是一個老講故事的人。我覺得，我是念傳媒專業出身，有一個根深蒂固的印象，就是當你傳遞無效資訊，用語流去襲擊受眾的時候，你是不負責任的。我們傳播資訊，不在於你傳遞的資訊有多少，而在於裡面有效資訊有多少，就是人們要能記住你的東西。

怎麼記住？人們一般容易記住有情節的東西，感同身受的東西。所以，從單純的義理去闡發，你語流再龐大，也是無法記憶的。所以，我在大學裡講課

就老講故事，而且就是這樣一個話語方式。當然，講的內容不同，學理層次也不同，可能有很多專業性的東西。我用這樣一種方式更有意識地跟大家溝通，一定要離現在的生活近，讓大家帶著疑問去貼近經典。沒有這個問號，經典那個沉甸甸的封面是翻不開的。

張越：妳是說，講得再好，如果對方全沒聽進去，那就是沒用的。

于丹：對。

張越：這是學傳媒的人的一個基本訓練。

現在我替觀眾問一個問題。有觀眾問，妳講仁義禮智信，這個在當今社會還有積極意義嗎？

于丹：其實，《論語》裡面有很多東西是在孔子那個時代提出來的。今年應該是孔子出生後的兩千五百五十九年，他那個時候提出來的東西，當然有很多是過時的了，比如說禮。那個時候是一個宗法制的社會，禮是維持整個社會結構的一個紐帶，所以孔子對禮有很多迂腐的堅持，比如他說：「八佾舞於庭，是可忍也，孰不可忍也？」（《論語・八佾》）他對魯國季氏「八佾舞於庭」的僭禮行為表示了極大的憤慨。如果在禮上越級，孔子認為是不可容忍的事情。再比如他還提出「克己復禮」的思想，這在朱熹的時代都有過很多的探討。這些東西都屬於過去的時代，但是《論語》裡也有一些我認為是關乎人性、是屬於任何一個文明社會裡核心價值的東西。

比如說「信」。什麼時候人們可以不守信呢？我曾經說到一個故事，就是現在臺裡正在做的「感動中國」節目裡的。二〇〇七年四月，江西有一個農民，在救火的時候犧牲了。他留下三十一歲的妻子陳美麗，她上有年邁的婆婆，下有兩個女兒，一個七歲，一個才幾個月大。她丈夫臨死的時候，她知道他欠了別人的債。雖然他犧牲了，他的生命可以抵了這個帳，但她還是在村裡貼了還債告示。後來就真的有很多人找她來要錢，累計起來有五萬多塊錢，其中有將近四萬沒憑沒據。陳美麗就這樣養著老的小的，替她丈夫還債。她只有一個理由，說她丈夫活著的時候口碑不錯，我要讓他走得心安，讓他走得沒有牽掛。其實像這樣的行為，人是為了什麼呢？就是為了一個字——「信」。這個「信」字不一定就是對別人的，也是對自己內心的。

再比如說「忠恕」。我們可能說，今天的時代，沒有皇上，不需要愚忠了。什麼是「忠恕」？有人說「中心為忠，如心為恕」。「中心為忠」，真正的

忠誠是忠於自己內心的良知；「如心為恕」，他人心如我心，將心比心，你就會懂得寬恕。你覺得這樣的「忠恕」，還有「仁愛」、「正義」，這些東西一定全都過時了嗎？我就覺得它們沒有過時。我們可以不在學理層面去探討這種精神傳承，我們只要去看看現在大家待人接物的方式，還有我們篤信的東西，難道不覺得有很多東西其實都在回歸嗎？

在農村，可能一個目不識丁的老太太，她也沒念過《論語》，但是她會知道孔夫子。你去農村看春聯，許多人家貼著「忠厚傳家久，詩書繼世長」。他們家沒多少詩書，但是他們懂得為人要厚道的道理，要守信譽，要正義待人。我覺得，這些核心價值是我們血液裡的文化基因，它顛撲不破，不管你寫出來還是不寫出來，它總跟這個時代有著融合。

張越：對，世間肯定有一個正道存在，不管由誰來解釋，由誰來傳遞，但是「道」是存在的。

于丹：對。

張越：一個東西可以成為經典，必然有它可以穿越時空的價值。

于丹：就是因為它簡單樸素，微言大義，所以到任何時候都可以再去用你那種方式解釋它。經典的東西是什麼呢？其實就好比是白開水，我老覺得白開水是好東西。我們今天，你可喝的東西很多啊，喝酒，各式各樣的酒，喝下去，嘩地一下子燒起來了，覺得多過癮，比水好吧？咖啡，茶，要是沖泡一杯，滿屋子都是香的。各種果汁、乳酸飲料、碳酸飲料，什麼都好吧？但是，為什麼你還一定要喝水呢？因為水沒有添加劑，它最健康，它是人體最必需的東西。再說，各式各樣的飲料裡都有水，咖啡、茶沒有水能沖嗎？酒沒水行嗎？果汁沒水嗎？而且，你喝完什麼最後不都還得喝點水嗎？

水可以在咖啡中活著，可以在茶中活著，可以在果汁中活著，水無處不在，無處不需要。你說它不好嗎？同樣，你能說經典都過時了嗎？其實，有許多東西不過時，一直活在我們心裡，最樸素，最健康。在我看來，這就是經典的意義。

張越：這裡有一個你們傳媒系學生的紙條。他問，這一代年輕人應該以怎樣的態度對待國學？

于丹：我覺得也不能說是哪一代人要怎麼面對經典。每一代人首先要面對的，不是國學，不是經典，而是每一代人和每一個人如何真誠對待自己的生命，這是一個

永恆的命題。如果你對自己真誠，你就希望能夠把很多有價值的東西鏈接起來。你可以不讀《論語》，你去讀西方的著作也可以，你去讀藝術也可以，你熱愛郊遊或者你熱愛收藏都可以，只要你真誠面對自己的生命，你就會想辦法讓你的生命豐富起來的。這時，有些人也許會有機緣遇到國學，發現自己生命的根就在那裡，不過不遇到也沒關係。

我覺得，對於任何一代人來講，首先要真誠面對自己，而不要被外在的世界迷惑。現在的時代，外在的東西太多了。你看電視，一會兒覺得這個人的標準好，一會兒又覺得那個人提供了一個新的生活方式，那麼你究竟是成為你，還是成為他呢？有時候，在你做了N多個選擇之後，唯獨沒有選擇成為你自己。國學是什麼呢？它應該是冷靜的，緘默的，帶著一種溫暖，你去認真讀懂了，它就是讓你成為你自己的東西。

坦率地說，我挺不喜歡叫什麼國學熱。我從二〇〇六年一講完就不喜歡什麼國學熱，但二〇〇七年太熱了，我到現在還是要說，我們不要把國學過分放大。我覺得，放大國學或者放大我本人這個符號，任何過分的放大都是其意義和價值的貶損。更好的方式是去真誠面對，就是它該怎麼樣就怎麼樣，國學不能救贖一切。一個人不到特定的時候，有些東西他就是讀了，心裡也沒感覺。

你就說《論語》吧，我算是跟它挺有緣分的，小時候家裡就給我講，長大了我又讀的是古典文學的碩士。應該說，我二十來歲時，這個東西已經通讀下來了。其實呢，好多話是不懂的。我二十來歲時最喜歡的話都是「士不可以不弘毅，任重而道遠」（《論語・泰伯》）、「三軍可奪帥也，匹夫不可奪志也」（《論語・子罕》）這樣的話，覺得這多擲地有聲啊。這些話就是警句。二十來歲，誰不往小本上抄警句啊？抄點西方哲言、流行歌曲，跟抄《論語》，都是一樣的，就這些話怦然入心。但是，時光再往前走，我走到三十歲，走到四十歲，我現在喜歡的話就是子路、顏回大夥兒在一塊兒談理想，最後問老師，你的理想是什麼啊？老師說，「老者安之，朋友信之，少者懷之」（《論語・公冶長》），我做到這三條就行了。這樣的話，我年輕時看，一點感覺也沒有，覺得樸素簡單到讓你不足以給它記憶的空間。

張越：年輕人喜歡大話。

于丹：喜歡大話。我現在才發現，讀書是一個逐漸讓自己的心安靜和回歸的過程。我們不缺乏遠大理想，但是缺少從腳下達到理想的道路。人最容易犯的錯就是燈

下黑。老者安之，朋友信之，少者懷之，能做到這三條的人有多少？我們現在老想著遠大目標，治國平天下，但是誰能把身邊這老的、小的和朋友們都安頓好了呢？很多時候我們自己一忙起來，最容易忘記的就是這三種人。

我發現，聖人好就好在他把普通人的理想給完成了。他不會忘記身邊的這三種人。孔子又說：「仁遠乎哉？我欲仁，斯仁至矣。」（《論語・述而》）仁愛難道離我們很遠嗎？我要真想做到的話，心中一念它就到我身邊來了。我現在喜歡的都是這樣一些最簡單的話。

司馬牛問老師什麼叫君子，老師回答：「君子不憂不懼。」（《論語・顏淵》）內心沒那麼多憂傷，也不太恐懼，這就是君子了。司馬牛有點不以為然，說：「不憂愁，不恐懼，這樣就可以叫做君子了嗎？」我估計司馬牛的反應跟我年輕念書時的感覺差不多，覺得怎麼那麼簡單啊，不需要建功立業嗎？光是個心情啊？孔子就跟司馬牛說：「內省不疚，夫何憂何懼？」（《論語・顏淵》）一個人要是天天摸著良心問自己，我能不能做到上不愧於天，下不怍於人？如果今天所有的事我都好好做到了，我就能踏實睡個好覺。我自個兒心裡沒有愧疚，那還有什麼憂愁和恐懼呢？能做到這樣，難道還不是君子嗎？這種話有味道，我覺得這就叫微言大義。

剛才那個學生問這一代年輕人怎麼對待國學，其實所有好東西都是一輩子的事。這輩子你喝酒可能有一段時間你就喝膩了，有一段你戒了咖啡了，還有一段不喝濃茶了，但是水這東西，你雖然覺得它沒味，可它是這一輩子喝得最多的。經典也是這樣。別指望我們年輕這一代，二十歲的孩子都去誦讀經典。我覺得這個東西你背不背它都沒關係，你是不是都看懂也沒關係，只要你二十歲的時候有二十歲的體會，四十歲時有四十歲的體會，六十歲時有六十歲的體會，一輩子相伴相隨，只要你對自己的生命足夠真誠，那麼你總會有機緣讀得懂它。

張越：我同意妳說的，《論語》或者國學，不可能完成天下萬世的救贖。

于丹：對。我覺得現在要反對一種新迷信，就是對於國學的迷信。有些朋友問我，我一天讀一條《論語》，每天都讀，我都讀完的時候是不是就能悟到點什麼了？那樣的話，我覺得太像宗教了，我天天拜佛，拜到最後是不是佛就一定把好事都給我了？還有人下崗了，或者離婚了，也問我，我看《論語》中哪一段對我現在能開導？《論語》再好，它也不是萬能大字典啊，我們不能抱著急功近利

的心去查。

我覺得，不僅《論語》不是唯一的經典，中國文化也不是唯一的文化，不見得學中國文化就要把西方所有東西都排斥了。作為一個人來說，最重要的是你的身體要像個燒杯，所有的思想在你這兒進行化合反應，而不是簡單的物理累積，更不存在某種一元化的救贖。我們的心只有從這樣的狂熱中逐漸沉靜下來，才能離真實近一點，離經典的本意近一點。

張越：現在《論語》非常非常地熱，大家在困惑當中就把它當成治世寶典了。妳能不能說說《論語》有些什麼欠缺？

于丹：我覺得《論語》產生在它那個時代，必然帶著那個時代的色彩。我們不能從今天的眼光來看，認為它有欠缺，但是可以說它有局限。任何一個時代，都有它的格局，為其所限就出現了它的局限性。孔子那時候有電腦嗎？他能打開一個Windows視窗，用百度去搜一個什麼條款嗎？他肯定找不著啊。他那個時代有現代的立法、司法嗎？有現在的金融制度嗎？什麼都沒有。

以今天的眼光，怎麼看《論語》的局限，我覺得要分學理性的眼光和非學理性的眼光，是兩種不同的角度。如果用學理性的眼光，我覺得要去請教專家，人家會非常嚴謹地去分析儒家的思想系統，這不屬於今天我們在電視平臺上討論之列。如果以非學理性的眼光，也就是大眾眼光的話，我就想提出來，我們盡量去看那些跟我們今天有關的東西、對我們有益的東西，而不是死揪著它的局限性去死纏爛打，也許就會獲益。

所以我說，一方面，《論語》不是完美的，它並不是一個寶典，不能救贖所有人；但另一方面，不能就說《論語》完全是過時的，不能因它有局限，就讓我們對它完全丟棄。我覺得，這兩種極端的態度都是不可取的。

張越：我也認為《論語》並不過時，它裡面的很多內容對今天的生活、對人的心靈非常非常地重要，給我們這個混亂的時代立點規矩，這是很好的事。但是，我覺得《論語》裡面對一些非常本質的討論有一些欠缺，比方說它會告訴我們人應該怎麼活著，可是沒告訴我們人為什麼要活著。孔子說：「未知生，焉知死。」（《論語・先進》）不討論死亡，怎麼活就說不清楚。人能不能只靠自己的道德本性來面對這個世界上的一切問題，我覺得這恐怕是可以研究的。其實我想說的是，我們從自身現實問題出發，走到了《論語》裡，這非常好；我也希望我們能再從《論語》出發，走向更廣闊、更結實的價值構建，來安頓我們的身

心。

于丹：是這樣的。《論語》是什麼？我們今天這樣奉為經典的一部書，當時不過就是孔子的一些課堂言論，他的學生把筆記整理整理就弄出來了，整理出來的這二十篇實際上沒有太內在的邏輯體系。我覺得，我們不要以一種過分神化的眼光去把《論語》看成一個完整的體系。有時候，把孔子還原成凡人，可能會激發我們心裡真正樸素的愛……

張越：妳現在成了一個傳播傳統文化的符號。這裡有一個觀眾的問題，他問妳，妳覺得應該怎麼傳播傳統文化？妳覺得正確的、好的傳播方式是什麼？

于丹：對我來講，我很少使用「正確」這個詞，因為「正確」的另一端就是「不正確」。其實，在我的人生中，有很多問題是多選題，不是單選題，我不喜歡用絕對的非黑即白、非對即錯的方式來思維。我覺得，傳播傳統文化不是每個人都要去做的事。也就是說，經典更重要的是要自己去閱讀，要自己去感受。每個人從原典中讀出的心得都是不一樣的。像我，有可能變成一個職業傳播者，所以我要去考慮傳播策略，比如大家怎麼樣能夠貼近經典，能夠記憶經典，但並不是說每個人都要去傳播，更多的人可能更需要從自己的生命經驗出發，去好好體會，這就夠了。

張越：今天，中國孔子基金會副秘書長王大千先生也在我們的現場。我們請他來談一談對傳播經典文化的認識。

王大千：感謝于丹老師對孔子文化的傳播做了這麼多有益的工作，使大家關心和關注傳統文化。我來自孔孟之鄉的山東，從事的也是傳統文化的傳播工作。當下的國學熱引來大家對傳統文化的關注，是一件好事。我覺得還是用孔子的話來說比較好，叫「有教無類」，無論什麼樣的人、從事什麼職業都可以接觸經典，感悟經典。這就是寓教於樂，用不同的形式、不同的方式來傳播我們的傳統文化，使更多的人受益，使更多的人能夠了解、掌握我們這個民族精神家園的寶貴財富。

張越：他真正的問題還沒問呢，下面是他要問的問題。他說，有一次聽妳說「我希望你們忘記我，記住我做過的事」，不明白這是什麼意思。

于丹：「記住我做的事」，就是記住，可以由一個非專業的、普普通通的、也不算老的這麼一個中國女人，以她自己的方式把經典讀了，而且心有所得，那麼所有的老百姓、每一個人大概都能以自己的方式去讀經典，並沒有多難。而且，她

讀完了以後還覺得挺快樂的，覺得她自己的生活裡面還是有憧憬的，有夢想的，跟周圍的人也都可以友善相處。所以，好好讀一讀，有這個悟性就行，不一定要有很深的學理，我們都能感受到經典的魅力。這就是她做的一件事，貼近了經典。至於這個女人是誰，叫什麼名字，不重要，可以是于丹，也可以是別人，所以忘了于丹，記住這麼一種感受，就夠了！

張越：妳講《論語》之後，影響力擴大的同時，罵妳的人也多起來，我不知道妳碰到這種情況的時候，心裡是什麼感覺？

于丹：這種情況一直都存在。坦率地說，我能理解。我覺得，大家對一個現象有關注，比沒有關注好。既然我能夠講一心所得，人家千心萬心皆有所得，每個人都可以從自己的角度去對經典進行闡發。我能說話，人家也能說話，不同的角度去看，看到的東西一定是不同的。

一部《論語》，從純學術的角度去理解，就是一種學理性嚴謹的研究；從宗教學的角度來理解，就是一種儒教的研究；從儒術的角度來解讀，就是一種政治化的統治術。解讀《論語》的角度可以不同，而我不屬於這些理解中的任何一個角度，我就是一心所得。

有一些學者站在純學理的角度，認為我這樣解讀不通，我完全能理解。我讀碩士的時候是學古典文學專業的，我理解這個純學理的角度；但我讀博士的時候是學大眾傳播專業的，我更知道「百家講壇」讓我站在這裡的意義，給我這個時段和頻道資源，那就必須要對觀眾負責。我們看，坐在這裡的叔叔阿姨，他們有可能只是小學畢業，但是他們都知道孔夫子在歷史上是我們民族的一個聖人，他說的話跟我們現在的生活可能有關係。這樣的話，我們必須得以一種大家能懂的方式去聊一聊吧？所以我覺得，那些嚴謹治學的學者不一定是教傳媒的，他們的角度是一種研究的角度，而我的角度是一種普及的角度。我覺得人家只要抱著一種真誠的意願，說妳哪個地方講得不夠嚴謹，或者妳這種提法站在學理角度是不被允許的，其實對我有好處，可以讓我的講解變得更完善一些。而且，不同的聲音越多，越說明更多人關注，這對《論語》的解讀大有好處。

張越：批評的聲音很大的時候，會擾亂妳的心情嗎？

于丹：我覺得要看怎麼講。所謂的批評，可能有兩種方式，一種是抱有誠意的探討，另外一種，有一小部分是帶有人身攻擊的色彩。抱有誠意的探討，我都會非常

認真地去尊重，我要對人家說謝謝，因為我確實沒有人家那麼專業，那麼嚴謹，人家提出來的問題我都得去看。至於人身攻擊的謾罵，一笑隨風就好，那個東西不會干擾到我。

我覺得孔子講的東西是什麼呢？就是一個人管好自己，讓自己在當下把該做的事情努力做好。我努力去把「《論語》心得」講好就行了，何必與人去爭辯呢？我從來不敢說我提供的內容都是正確的，但是我會準確地傳遞出我的一種感覺，就是聖賢之道它是樸素的，是溫暖的，是貼近人心的，它能活在我們的生活裡，它能給你解憂。所以，有人罵我兩句，說對了我就吸收，說得無聊的我就根本不會聽進去。

張越：我看到一部分觀眾、讀者把妳當精神導師了，而且是萬能靈藥，而這在我看來是很可怕的一件事。我不知道妳自己看到這種情形時心裡是什麼感覺，高興嗎？喜歡讓自己成為一個這樣的人嗎？

于丹：怎麼說呢？在這個世界上，每一個生命個體都是獨立的。我們的愛，有時候也是很有限的，比如說，我愛我的孩子，孩子真是磕了一個大口子的時候，我可以替她去裹傷，我可以抱著哄哄她，但是我再心疼也不能替她疼啊。也就是說，每個生命的成長都必須穿越你必須經歷的磨難，沒有任何一個人能夠去幫你。我不覺得我真的可以去幫大家，我發現太多太多的人需要一種生命自救的力量。我會更信任經典，經典也不能救贖一切，但它能讓我們找到心靈的力量。

這一年中，我接到的信據說有六千多封，我也數不過來了。有很多人說的是孩子得了抑鬱症，有孩子吸毒的，有老父親臥病在床的，有單親母親的問題，有孩子剛出生要起名的……沒有幾個人跟我探討《論語》或《莊子》，找我說的都是這些事。看到這些，我心情很複雜。我坦率地告訴你，這些信件比那些所謂的爭議給我的壓力大得太多太多，因為這是沉甸甸的信任和託付，我首先必須感激大家的信任。但是……

張越：來信妳都看嗎？

于丹：我會看，但是我真的無法一一回信。張越，我要借你這個平臺跟大家道一聲歉。我現在接電話也很少。有些人可能問，你的電話怎麼現在老在秘書臺，為什麼接不了？如果我每天接電話，那我一點別的事都不能幹了。我的電話太容易得到了，因為我原來在那麼多電視臺講課，幾乎每個電視臺都有我的電話。

我這號碼多少年也沒改過，就怕朋友們找不著我。現在，不要說回信，就連電話我都不敢接了。

我一直想，大家之所以這麼信任我，他們一定希望我不要被一種外在的力量異化成一個他們不認識的人。他們喜歡我這種樸素的態度，因為我還是一個真誠的人，我還有我的專業，我在學校還是個老師，我在家裡還是個母親，我並沒有成天就神神叨叨滿世界在那兒講，變成一個符號，我自己的東西反而沒有了。我覺得這是一個悖論，當我滿足了各方面的需求，最後我變得不再是我自己。

還是回到我一開始跟你說的那句話，我希望每一個人生命的出發點都是真誠地面對自己的生命。如果我不能做到這一點的話，那我也沒有辦法再去說我能讀懂多少經典。我覺得我也有那麼多問題，大家都有壓力，關鍵就是我們自己都要找到一種調適的方式，都要相信沒有一個外人能替你做出判斷，最終能夠穿越的只有你自己的心。

張越：我們說，我們學經典的目的是讓自己的內心強大起來，面對生活，面對世界。其實，于丹她一個人救不了那麼多人，做不了那麼多事。

于丹：對。這個世界上沒有任何一個人有如此之大的救贖力量，包括孔子。我覺得每一個人都應該以這些經典作為養分，融會貫通，變成你自己的一個生活方式。我整個人生的成長就是因為看見太多太多這樣融會貫通的人，所以我才會對這些經典產生信任。

我讀碩士時候的導師是北師大中文系的教授聶石樵先生。我特別敬重我的導師和師母。師母鄧魁英先生是教唐宋文學的著名教授。現在他們兩個人都八十多歲了，我在他們家讀書的時候，他們兩個人也都年過花甲。我讀碩士是在八〇年代，那個時候沒有電腦，聶先生當時已經是學富五車、德高望重的老教授了，但他堅持不用任何學生給他抄稿子，不用任何學生給他打下手。現在的大學呢？導師使喚學生都習以為常了。我的導師和師母非常關心學生，但是不能讓學生為他們做一丁點事情，什麼抄抄寫寫，跑個腿，送個信，他們認為這跟他們的價值體系是不符的，怎麼能這樣使喚學生呢？而且，聶先生上課從來不遲到一分鐘，對他來說，該上課的時間那就是天條。聶先生這些做法到今天對我還有很深的影響。

再比如我的博士導師黃會林教授，到七十多歲還在給本科生上戲劇文學

課，不管外面是評獎還是開會，沒有聽說過老太太調過課。她老是把「嚴是愛，鬆是害」掛嘴邊上，學生們都服這個氣，是因為這麼些年看見老太太對她自己比對學生嚴格多了。

我現在想想，我當時讀這些經典，就是因為老師們的人格讓我對這些經典有一種信任。他們是我實實在在看得到的人，所以我信任經典。我覺得，一個人光學習不夠，他得把經典變成身體力行的東西。現在很多人剛剛知道經典是好東西，其實等你真正進入以後就會發現，它點點滴滴地進入你的生活，最後變成你的生活方式。

張越：我想起一個傳媒同行談到妳的時候說過一句話，對于丹最大的傷害不是你批評她，而是你過高地期待她和讚美她。

于丹：這是劉春（資深電視人，鳳凰中文臺執行臺長）說的吧？劉春也是我的好朋友。我記得這是有一次我們倆在咖啡廳聊天的時候，我自己跟他說的。為什麼這麼說？我相信這個世界上的美好事物都有一個前提，就是以真實為前提。我不希望要一種虛幻的美，如果以真實的隕落作為代價，那我寧可要一種真實的殘缺和不甚完美。我不喜歡現在加在我身上的種種褒義詞，說我怎麼出色，怎麼優秀，怎麼智慧什麼的。

張越：不喜歡的詞還有什麼？

于丹：類似的詞太多了，這些詞我統稱為褒義詞。褒義詞就是個標籤，一個褒義詞放在我的身上就會讓我離自己的生命遠一分，當我要是被標籤糊滿的時候就看不出我本來的顏色了。

我喜歡什麼呢？我只喜歡我真實的狀態，我就活在當下這個狀態。有人說妳多成功啊，那什麼叫成功？我覺得「成功」、「優秀」這樣的詞只有鐫刻在墓誌銘上它才作數，我還得接著往前走呢，你哪裡會知道下一步等著我就是一個什麼樣的失敗呢？你現在把標籤已經擱我身上了，我才四十歲，我後頭還有三、四十年呢，你讓我有多大壓力，我老得為褒義詞活著嗎？我不願意。我現在真正想做的事，就是好好做一個本真的自己。

這也是我要傳遞給大家的態度，我們要活在真實中。誰都可以做一個真實的人，我們坦率真誠地面對生命，可以讓自己活得天真一點，在自己的生活中也許會犯錯。這樣的話，我們可以讓自己精神更輕鬆，更真實，也會有更大的創造性，結果呢，我們可能走得更遠。

張越：妳知道怎麼可以做到本真的妳自己嗎？

于丹：你說。

張越：特地幹兩件沒出息的事，捅兩個樓子就好了。

于丹：以我的水平，根本不用特地，天天都在幹，就是你們看不見而已。壓力再大點的話，我這種丟人現眼的事會越來越多的。

張越：能舉個例子嗎？妳最近丟人現眼的事是什麼啊？

于丹：我最近丟人現眼的事很多。比如說，我最近丟東西的機率明顯上升，丟完東西後滿世界去找。其實，我覺得我跟我的學生在一起的狀態就挺真實的。我每次跟學生上街，他們跟我說的最多一句話就是「跟著，別瞎走」。我一會兒又丟了，我就趕緊跟上。我的學生都無微不至地照顧我，而且總認為我會出錯。

現在誰把我的智商估計得比較低，我就覺得他一定屬於我的親人之列，因為他們會比較了解我；誰要說于丹老師是萬能的，那就離害我不太遠了。我坦率地把這個話說出來，就是想做一個很真實的人。我就是有好多毛病，我的學生都知道，所以會這麼管著我，我特別高興。

我的學生給我做了一個禮物，一個拿小碎片拼的拼圖，都是拆得特別碎特別碎的小片。拼圖上是他們所有人跟我的頭像，大家的腦袋都散落在各個地方。我發現，他們的頭像都特大個兒，而我的腦袋給扔在一個犄角旮旯裡，還特小，找半天反正都找不著我，那麼拼起來不就是更費勁？肯定會把我的耳朵拼在某一個男生的腦袋上。後來大家都會拼錯，挺好玩兒。這是個玩具，但是有我們大家的頭像。這個東西我拿在手裡，心裡感動啊，真的快流下眼淚來了。

如果他們把我一大頭像擱中間，他們跟小葵花似的圍在周圍，那我肯定就把這個東西扔了。如果他們給我做一個大相框，而不是一個玩具，我也會不喜歡。他們知道我就愛玩，他們給我的東西都是他們當下正玩的東西。我覺得作為老師這是一件挺牛的事，我學生玩的什麼我都跟得上，而他們也願意帶著我玩。

還有，他們認為我的腦袋就應該比他們的小，就扔在一個犄角旮旯，這件事讓我挺感動。張越，我跟你說，現在讓我感動的，大家對我的信任是一種，但是還有另外一種，就是這樣的感動。在他們的眼中，我從未改變，我是一個隨時會出錯的人，可以跟他們不著調地玩，可以跟他們皮打皮鬧的這樣一

個人。我覺得這種狀態就叫做真實。

我看這些古聖先賢的書，可能跟我的生活環境很有關係。我挺喜歡我一直走過來的這個環境，比如說在北師大。按說大學有挺嚴格的規矩，比如說現在搞本科教學評估，要用什麼樣的PPT課件，要有什麼樣的備課教案，要有什麼樣的考題、考卷，要有什麼樣的標準答案，要有什麼樣的上課流程等等，都有規定。但是，我在北師大一開始就是個特別另類的老師。

有一次，教務長王一川老師特別認真地找到我說，于丹，我找妳核實一件事。有一位老督導員跟我說，我們有一個老師在早上上課，剛上了十幾分鐘，外邊下雪了，她把課停了，讓學生都穿上棉襖跟她下樓，大家去玩雪……他還沒說完，我就回答，王老師，那人就是我，這事肯定是真的。這肯定違反本科教學規定了，我就問，這事兒還處理嗎？我心想，這事過去好多年了，應該過了追訴期了吧？王老師跟我說，妳知道那個老督導員當時怎麼跟我說的嗎？他說，沒想到北師大還有這麼好的老師。

其實，我們這個教務長一直在提倡從遊式教學的教學理念。孔子的學生怎麼跟他學習呢？是像小魚跟著大魚和和樂樂在水裡遊玩那種方式。這樣的學習，大家不僅在學知識，而且在感受這個世界。王老師跟我說，于丹，妳這就是一個挺好的從遊式教學例子。我說，千萬別普及，你也別表揚我了，你不處分我，就挺好的了。

這件事情讓我非常感動。其實，我所遇到的很多事情都是如此。我在大學裡面不是一個很標準、很規範的老師。當時之所以帶學生下樓就是因為我覺得這個班上有好多福建、廣東、雲南的學生，這一輩子沒見過雪，第一次看見雪花，你說你能講什麼內容來剝奪他們這一刻看雪的歡喜呢？下雪了，他們隔著玻璃窗，摸不著，感覺不到，多遺憾啊，所以我得把他們帶下去。對於一個大學老師來說，這種想法是很不靠譜的，但是我沒受處分，還居然受到鼓勵。我就覺得特別溫暖。

現在有很多人都對大學裡頭的管理制度很憤慨，認為不近情理，還有很多人際關係的糾葛，很複雜，我的幸運就在於我沒有受到什麼束縛。從小到大，我經歷這種成長的穿越，不僅是因為在我心裡有中國文化的積澱，更重要的是因為不斷有人以他們的言行在加強我的信仰。

張越：說說來時的路吧。在妳成長的歷程當中，受什麼樣的人和事的影響比較大？

于丹：那太多了。我從小是一個挺封閉的孩子，喜歡文學。長大以後，讀大學，讀研究生，就有老師給我的影響，讓我知道點人讀了書以後要做什麼。我讀大學的時候是在八〇年代，那時文科生挺自卑，老覺得是理科學不好才學文了。我是一個數學沒學好的女孩，念文科還不算太丟人，要是男生就特抬不起頭來了，一看就是學習不好。

我那時候老覺得百無一用是書生，什麼知識都不能轉化成生產力，這怎麼辦啊？就是在這種心情裡面讀完大學，讀完碩士。我讀書的時候讀到一句話，後來我碩士畢業到中國藝術研究院中國文化研究所，所長劉夢溪先生恰好把這句話掛在我們的辦公室裡面，我大概看了五、六年，這就是著名的「橫渠四句」，宋代張載的四句話，叫做：「為天地立心，為生民立命，為往聖繼絕學，為萬世開太平。」這幾句話給我影響挺大，我覺得它說出了一個知識分子的使命感。

如果一個人的心是為天地而立，他的座標就很大。「為生民立命」，就是對百姓有使命感，能做大就做大，能做小就做小；如果只是為自己活著，肯定挺自私。什麼叫「為往聖繼絕學」？翻開那些佶屈聱牙的古代經典，一般讀者已經念不懂了，你總得幹點什麼，讓人們明白吧？也許一個人能做的事是簡單甚至淺陋的，但是我覺得因陋就簡地做點事比什麼都不做要好。你不能為大家奉上一桌蛋糕的時候，哪怕奉上半桌窩頭，那也是做點事。什麼叫做「為萬世開太平」？其實，萬世太平都不是我們現在能夠看得到的。有些時代，文化會付出代價，比如經濟發達的時候，價值轉型的時候，文化不一定是最繁榮的。在這些時候，知識分子總得做點什麼吧？有一些知識分子，他可能為了這個時代而有所犧牲，但是要知道，人抬腿是往前走，落腿也是往前走，你正好趕上是落腿那一步，但你不能說這就不是前進。你要知道你現在做的事跟萬世太平一定是有關的。

我就覺得，像這樣的一些話挺激勵我的，讓我覺得有些事情一定要去做。再說，有些人，就是我說的身體力行的那種人，他們流露出來的人格風範可能對我的影響也特別大。剛才我說到我的導師聶石樵先生和師母，他們對我的影響就是這樣。

在影響我的老師裡面，第一位是我初中時代的語文老師王老師。那個時候沒有重點中學，我上的是一個非常普通的中學，北京的一一〇中學，在百萬莊

那兒。我學習一直不算太好，偏科，除了語文底子好點，數理化從來沒學明白過，體育也不好，所以那時我在班上完全是一個資質平平、什麼都不出色的學生。但是我遇到了一個很好的語文老師。王老師是北大的高材生，當時本來要留校，他分到這所中學實習，趕上文革回不去，就留在這了，沒再回北大。他是四川人，一個真正的才子，個子小小的，手中不離小菸嘴，一天到晚抽著菸，寫得一筆極漂亮的字。

他在中學年復一年教書，他自己的兩個兒子長大了，都沒有考上大學。王老師年事漸高，遇見我的時候，已經五十多歲。多年來他一直有一個夢想，就是從他手裡培養出一個真正的中文系大學生來，考上哪個學校都行。我記得他給我們上完課，總是給我吃小灶，給我拿好多的卡片讓我背，讓我在課上給大家講。他一直就這樣關注我，還帶我去他家。

他住在鑼鼓巷小平房裡，破敗的小屋子一進去整個是一張床，旁邊那個小書架上，一個一個像中藥盒子一樣的小抽屜，拉開都是他自己手寫的卡片。老師拉出一個一個抽屜給我看，讓我背。我記得，師母就坐在小板凳上，就著床縫被子。師母真是一個大家閨秀，她長得太美了，讓你覺得這麼一個美麗的女人蹲在破屋寒窯的小板凳上縫被子真是不公平，但是她眼神特安詳。我老師是個大才子，讓才子站在局促的地方拉著一盒一盒小卡片似乎也是不公平的，但是他心中有憧憬，因為他有學生。

他們倆就那樣閒閒地跟我說話，覺得把一切都託付給我了。老師跟我說，妳看妳兩個哥哥都沒有讀上中文系，妳以後是不是能讀啊？我就這樣跟著他念到初三。後來考高中，我考上了北京四中。我媽媽跟我說，她去給我辦手續的時候，我這老師拉著她居然哭了。他說，從孩子本身想，她能上四中，這是一件特別值得慶幸的事；但是對我來講，我又一個夢想破滅了，她不能在我手裡去上大學了，不過我還是願意這孩子上四中。

我上了四中以後，有時候也回去看老師。念到大學三年級，有一天聽說王老師已經是肺癌晚期了，我就去醫院看他。在薄薄的被單底下，他幾乎完全塌陷在床裡，骨瘦如柴。那個時候他已經說不出話了，我拉著他的手，他一個字也說不出來。我當時正要報考研究生，幾乎已經決定了要考文藝美學的研究生。在那個時候，文藝美學流行，大學生們都覺得研究文藝美學多好啊。

當時看著他，我心裡太難受了，我還能說些什麼呢？我就跟他說了一句

話，老師，我決定考古典文學研究生。就在這個時候，老師的手一下把我抓緊了，然後他用濃重的四川口音擠出一個字：「好！」後來師母告訴我，那是他留在這個世界上的最後一個字。這就是託付啊。

從某種程度上來講，如果我不是報考一周之前去看了我的老師，也許後來我學的還是文藝美學，不會去改考古典文學。我也是注定要進聶先生他們家門的。我一開始是奔著鄧先生去的，我要考唐詩宋詞，二十來歲的女孩子沒有不喜歡古典詩詞的，風花雪月多好啊。可是，我父親一定要我考先秦兩漢文學。他跟我講，妳喜歡唐詩宋詞，妳要是學了這段，元明清妳都可以順下去，但是魏晉以上，妳倒推妳可推不了，妳沒有那個功夫。他說，妳現在還小，下下功夫，讀一讀先秦諸子，要真把經史子集能啃下許多的話，那麼妳想再往下讀唐詩宋詞，妳自己去讀，一定能讀到底，很順暢。就這樣，我就跟著聶先生學了先秦兩漢文學。

有時想一想，人生的道路好多時候都是陰差陽錯，可能就在某一步路上，某一個人的一個點撥，機緣湊泊，你就改變了道路。我覺得，只要你對自己的生命有一份誠意，你會融合許多人的生命，對自己的方向能夠迅速進行調整，讓每一個經歷都成為值得記憶的瞬間，最終成就你的人生道路。我這麼一路走來，跟經典結緣，大概有太多太多人的生命在裡面，這一切成就了今天的我。

張越：以前上學，後來畢業當老師，有想過出大名嗎？

于丹：沒有。這可能跟我的成長經歷有關係。你想，一個獨生女，也沒上過幼稚園，一個近乎自閉的孩子，她會想到出名嗎？我從小也沒過過什麼苦日子，好像也不太需要我發憤圖強。

自閉長大的孩子對外面的世界其實挺恐懼的，不太想去闖蕩。我從小就是一個惰性很強的人。也就是說，對我來講，心靈生活的質量比物質生活的質量要重要。我一直希望能夠擁有一種非常寧靜的空間。這就要說到我的一個愛好，就是喜歡崑曲。現在好多人問我，妳為什麼要講崑曲啊？其實，我就是一個拍著曲子，念著詩詞，風花雪月這麼長大的一個孩子。我喜歡這種緩慢的、精緻的、內斂的生活。儘管我很早的時候就知道知識分子要有那種使命的擔當，但是我一直不希望自己用一種轟轟烈烈的方式去生活，我希望的方式是一種靜水流深的狀態。也就是說，如果讓我選擇，我會認為我的歸宿是在文字的表達上，而不是語言的表達上。真的就是這麼想的。

張越：儘管這不是妳所期待的方式，但是忽然之間妳真的就出名了，而且非常出名。出名之後，這一年多的時間裡，妳最突出的生活感受是什麼？

于丹：喧囂啊，就是很喧囂啊。有時候讓我很矛盾，一方面覺得這有意義，有我做事的價值，但是另一方面呢，我希望這種價值不要讓我違背了自己的本真，就是讓我能夠真實地去發揮我有限的價值，而不要不真實地去發揮所謂更大的價值。也就是說，人的自我發展跟社會需求之間應該有一個平衡點，過猶不及啊。我沒有指望什麼國學熱，我對「紅」、「熱」這些詞從來不喜歡，我喜歡的是在我寫的《于丹〈論語〉心得》後記裡面，題目就叫「《論語》的溫度」。我說，我喜歡的溫度永遠叫做溫暖，就是一種恆常的溫暖，不是火熱，因為驟熱離驟冷也就不遠了。我不希望我就像大家所說的那樣，做出了多大多大的貢獻，怎麼怎麼著出色，我認為那都是虛妄之詞，我做不到，我也沒有想做到。

我做了什麼呢？在天津，有一個十二、三歲的小女孩，她跑上來跟我說了一句話，我覺得這句話是對我比較貼切的褒獎。這小孩說，阿姨，我看完妳這書才知道孔子他說的不是廢話。夠了，這就夠了。這麼大的孩子，她可能聽父母輩說過批林批孔，認為孔老二全是糟粕，但是翻了翻我的書，覺得《論語》

不是廢話，也許哪一天她就自己去翻《論語》了，這就夠了。我一個人無法做到讓中國文化引起這麼大的關注，我也沒有必要去做到，因為那是所有人用心投入以後才會發生的現象。

張越：我看了妳一天的日程表，二〇〇七年五月二十五日，當時妳在成都參加一個活動。這一天的日程是這樣安排的：早晨九點三十分參加記者見面會，十一點給四川教育界人士做報告，下午一點半到購書中心參加央視一套節目啟動儀式，然後是長達一個半小時的簽售，五點坐車前往重慶。很可怕的一天，經常是這樣，是吧？

于丹：經常會這樣。這樣一個節奏，看起來是非常緊張，但實際上，這裡面還有另外一種節奏。比如說，那天早晨我早早起來，先跟成都電視臺的幾個朋友通通電話，閒聊一下，因為正式活動的開始還是比較晚；再說就在我去重慶的路上，我去了一個特別好的地方，就是咱們那次直播的時候看到的金沙遺址。你還記得那個小金面具嗎？

張越：記得。

于丹：我當時就去了金沙遺址，在裡面走了一大圈，非常震撼，真是鬼斧神工。我心

裡有很多東西被喚醒了。遺址看完之後，路上我一直在聽 MP3，聽歌。到了重慶，那邊還有一批朋友在等著，大家就出去吃喝玩樂了。

你拿出來的可能恰恰是我很緊張的一天，但是我記得在那一天前後還是有一些間隙時間的。那些間隙時間中也有我喜歡的東西。我現在的生活是很緊張，但是我相信，一個人的生活永遠都是硬幣的兩面。大家會看到一種外在的節奏，但是我的心裡，一定還有著另外一種節奏，不會耽誤。如果這兩種節奏實在太衝突，我會把外在的節奏放慢一些，我心裡的一些東西有它固定的位置，是不能退卻的。

張越：我想知道，對妳家人來說，妳現在的日常生活成了什麼樣子？比如妳的孩子怎麼看，她媽媽整天往外跑？

于丹：我的孩子經常在晚上本能地要藏我的書包，因為她認為我沒書包可能就不出門了。我一回家，她總問我的一句話，就是：媽媽，妳還走嗎？今天我又是緊張的一天，我在這兒聊完，還要去京西賓館參加政協的會。我今天最大的一個願望就是，忙完這些事後，晚上回去能哄著孩子睡覺。我白天在外面很緊張，但是如果沒有卸了妝躺在孩子身邊，拍著她給她講小紅帽、大灰狼的故事，那我就會覺得這一天還沒安頓。

一個人總有安頓自己的方式，雖然說我在外面可以做很多有意義和有價值的事情，但是現在對於我而言的安頓，一個是能夠哄著我的孩子，讓她睡覺，再一個是還能有時間寫幾筆日記，還有一個就是吃飯的時候能坐下來跟我媽媽好好聊聊天。我希望每天都能夠真正實現這樣幾件事情。

張越：據說妳的孩子最恨的人就是妳的編輯小祝，因為她認為只要這個人一進門媽媽就要走，所以這個人是「綁架」她媽媽的一個壞人，是嗎？

于丹：這還是停留在我的孩子早些時候比較幼稚的那些感受上，這是她一歲多時候的認知。兩歲以後，我覺得小孩的智商有了驚人的飛躍。她現在開始知道祝叔叔是好人了，儘管她不喜歡他，但從理智上肯定這個人是好人。當她判斷祝叔叔今天來是給她媽媽送點書什麼的，不帶她媽媽走，她會遞給祝叔叔個把橘子。如果發現今天還要帶走，估計也沒有什麼好臉色給祝叔叔。

我女兒的創造性還有了很多自己的發揮。我前幾天回去，有一天她躺在自己的小床上，我坐在旁邊拍著她，燈全關了。她指著天花板上的影子說，媽媽，妳說那是什麼啊？我說，那不就是外面投進來的光嗎？路燈的那個影子，

是圓圓的一個圈，裡面還有一個黑點。我兩歲七個月大的女兒就胸有成竹地反駁我，不，那是我媽媽的眼睛。我當時就有點蒙，沒有說出什麼話來。她就翻過身來，用她的小手摸著我的臉，很清晰地跟我說，那就是我媽媽的眼睛，是媽媽的眼睛。她告訴我，她每天都躺在這兒，看著這兒怎麼想。

有時候，我覺得孩子的判斷力可能永遠都會超乎我們的想像。我每一次出來錄影，她的表達方式都不同。最早的時候，她不到兩歲，我會跟她說，媽媽要講課去了，妳幫助幫助我吧。她說，我給妳吹吹吧。她就趴在我胸口吹吹。那個時候，她磕了碰了，大人就是給她吹吹。後來她越來越有力量，等到她兩歲多，我說我去講課，她就會說，我親親妳。她親完我了，就說，妳不害怕了吧？我說，我不害怕了。一會兒，她會帶著姥姥、爸爸，還有看她的小姐姐，一個小小的人兒帶著一大堆人魚貫而入，在那兒指揮若定地說，我媽有點害怕，我們大家一起親親她吧。她會率領一堆人來親親我，這就是她幫助我的方式。再大一點，她就很有奉獻精神，把她那些小豬啊，小兔啊，各式各樣花花綠綠的卡子（髮夾、髮飾之類的東西）都拿出來，逼著我穿上職業正裝時要別上一個，說，妳戴上我的卡子吧。再說，為什麼她後來對祝叔叔不太憤恨了？

就是因為她跟姥姥說，不用祝叔叔保護我媽，我長大了保護我媽。

我覺得她這些話都挺支持我。我會看見我們每個人的生命都在穿越成長，但也沒有這麼小的孩子的成長讓人感到驚訝。我一直是一個對人性抱有信仰的人，因為我看到了單純的孩子的心。她在一開始，對世界是多麼透亮天真。她是無私的，她是有愛的，而且她毫不吝嗇地表達。她能夠用那麼幼小的年齡，那麼弱小的軀體，去幫助別人。

張越：妳這麼一個好玩、好鬧的自在的性格，現在妳要把日程表排得滿滿的，按一個小時半個小時那麼計算著去見記者、接受採訪、做報告等等，我不知道這樣的人生對妳自己來說是不是有點……

于丹：無奈，是吧？我覺得現在是這樣。可以說，一方面這種生活的節奏是我不喜歡的，但是另一方面，我覺得我現在單純地抱怨或者是停下來什麼事都不做了，那也是不現實的。

張越：好，最後我再替觀眾問兩個問題。這兩個問題涉及到私人生活，剛才我們也已經說到孩子了。有一個觀眾稱妳為女強人，她說，女強人于丹老師，您的愛人生活上會有壓力嗎？

于丹：如果說我愛人有壓力，那也不是因為現在才有的。從他決定娶我的時候起，他就應該有壓力，因為我生活自理能力太差，所以他覺得一直對我負有責任。從那個時候到現在，這種壓力沒有多大改變。這個壓力不會因為我後來成為這個或那個什麼，再有所增加。

張越：妳覺得現在的情況對他有困擾嗎？

于丹：現在他頂多覺得我比過去更忙了，而且他跟我媽最擔心的可能就是我的身體。除此之外，我估計沒有什麼壓力，但是會有更多的心疼。

張越：下一個問題。請問于教授，聽說您現在的工作安排很緊張，作為孩子的媽媽，丈夫的妻子，您如何處理您的工作和家庭生活之間的關係。

于丹：我現在的辦法，就是把我的工作基本上像壓縮餅乾一樣往一塊兒壓縮，別人覺得這一天壓不出空，我可能會壓出好多，這樣壓縮打包以後，再去騰出來一些比較完整和鬆散的時間，跟我的家人在一起。對我來講，這個時間表就是早上八點半我孩子出門以後我就可以密集地安排了，比較理想的情況就是我能夠在晚飯前回去，孩子也回來了，而且我能陪媽媽吃頓飯，那麼整個晚上的時間就會是自己的了。如果這還不行，退而求其次，那就爭取在孩子睡覺之前能回去。盡量別讓我兩頭見不著孩子，這是我一天時間表裡面的底線。當然，這一天中間的時間，包括午飯的時候，都會被壓得很滿。

張越：時間不短了。現在我們用一個小朋友的問題，作為最後一個問題來結束今天的談話。這個小朋友是這麼說的，我看到妳做講座，覺得妳說話的時候，嘴裡面好像有兩塊糖，臉蛋鼓鼓的，好可愛哦。

于丹啊，妳跟我們坦白，妳是不是每次都在嘴裡塞上兩塊糖？

于丹：我倒覺得嘴裡不一定是含著兩塊糖，但是我希望我這一輩子心裡頭永遠含著一塊沒有化盡的糖，一直在化，一直在化。

張越：感謝于丹教授跟我們交談，也謝謝到場的各位觀眾和電視機前的觀眾朋友。二〇〇八年春節期間，于丹教授將在「百家講壇」開講她的「《論語》感悟」，歡迎收看。好，謝謝于丹教授。

于丹：謝謝大家，新年快樂。

于丹《論語》感悟

2008年5月初版　定價：新臺幣260元
有著作權・翻印必究
Printed in Taiwan.

著者　于丹
發行人　林載爵

出版者　聯經出版事業股份有限公司
台北市忠孝東路四段555號
編輯部地址：台北市忠孝東路四段561號4樓
叢書主編電話：(02)27634300轉5049
發行所：台北縣新店市寶橋路235巷6弄5號7樓
電話：(02)29133656
台北忠孝門市：台北市忠孝東路四段561號1樓
電話：(02)27683708
台北新生門市：台北市新生南路三段94號
電話：(02)23620308
台中門市：台中市健行路321號
電話：(04)22371234ext.5
高雄門市：高雄市成功一路363號
電話：(07)2211234ext.5
郵政劃撥帳戶第0100559-3號
郵撥電話：27683708
印刷者　文鴻彩色製版印刷有限公司

叢書主編　簡美玉
校對　鄭秋燕
整體設計　翁國鈞

行政院新聞局出版事業登記證局版臺業字第0130號

本書如有缺頁，破損，倒裝請寄回發行所更換。　ISBN 978-957-08-3274-7（平裝）
聯經網址：www.linkingbooks.com.tw
電子信箱：linking@udngroup.com

本書中文繁體字版由中華書局授權出版

國家圖書館出版品預行編目資料

于丹《論語》感悟/ 于丹著．初版．
臺北市：聯經，2008年5月（民97）．
280面；14.8×21公分．

ISBN 978-957-08-3274-7（平裝）

1.論語 2.研究考訂

121.227 97007997

聯經出版事業公司

信用卡訂購單

信　用　卡　號：☐VISA CARD ☐MASTER CARD ☐聯合信用卡
訂購人姓名：______________________
訂　購　日　期:________年______月________日　(卡片後三碼)
信　用　卡　號：______ ______ ______ ______ ______
信用卡簽名：______________(與信用卡上簽名同)
信用卡有效期限：______年______月
聯　絡　電　話：日(O)：__________夜(H)：__________
聯　絡　地　址：☐☐☐ ______________________

____

訂　購　金　額：新台幣 ______________________元整
（訂購金額 **500** 元以下,請加付掛號郵資 **50** 元）
資　訊　來　源：☐網路　☐報紙　☐電台　☐DM　☐朋友介紹
☐其他 ______________________
發　　　　票：☐二聯式　☐三聯式
發　票　抬　頭：______________________
統　一　編　號：______________________
※ 如收件人或收件地址不同時，請填：
收件人姓名：______________________ ☐先生　☐小姐
收件人地址：______________________
收件人電話：日(O)__________夜(H) __________
※茲訂購下列書種,帳款由本人信用卡帳戶支付

書　名	數量	單價	合　計
		總　計	

訂購辦法填妥後

1. 直接傳真 FAX(02)27493734
2. 寄台北市忠孝東路四段 561 號 1 樓
3. 本人親筆簽名並附上卡片後三碼(95 年 8 月 1 日正式實施)

電 話：(02)27683708
聯絡人:王淑蕙小姐(約需 7 個工作天)